Roland J. M. H
www.roland-hamm.com

Der „online Geld verdienen"-Rebell

Wie du mit Affiliate-Marketing deine ersten 1'000 Euro verdienst und dir smart ein passives Einkommen über's Internet aufbaust

Einfache Schritt für Schritt Anleitung zum Kopieren

Roland J. M. Hamm
Kardinal Franz König Platz 7/8
A-7100 Neusiedl am See
Web: www.roland-hamm.com
Email: kindle@roland-hamm.com

2. Auflage 2021
Autor: Roland J. M. Hamm
ISBN: 9798707705397
Imprint: Independently published

Bildrechte & Lizenzen

Cover Grafik wurde mit entsprechender Lizenz über:
https://de.123rf.com/ erworben.
Bild 1 bis 5 Copyright by Roland J. M. Hamm
Bild 6 bis 9 mit freundlicher Genehmigung von Florian Schoel
Bild 10 (Meine 3 größten Erfolgsverhinderer) Copyright by Roland J. M. Hamm
Bild 11 (Über den Autor) Copyright by Roland J. M. Hamm

Korrektorat: Diana Schlößin
https://diana.schloessin.de/angebote_fuer_autoren

Widmung

Dieses Buch widme ich meinen drei wichtigsten Menschen in meinem Leben! Meiner wundervollen Frau Barbara und meinen beiden Jungs Niklas und Alexander!

Ihr seid mein größtes Warum! Ohne euch wäre Alles nichts!

Danke, dass es euch gibt!

Inhaltsverzeichnis

„Man muss in einer Branche nicht der erste sein, aber origineller als die anderen"

Paul Gauselmann, deutscher Erfinder

Ziel dieses Buches

Kommt dir diese Situation bekannt vor? Du möchtest online Geld verdienen, weißt aber nicht, wo du anfangen sollst? Dir fehlt das Wissen und die oberflächlichen Amateurkurse, die du bisher gekauft hast, haben dich noch keinen Schritt weitergebracht. Du fragst dich, welches Geschäftsmodell überhaupt seriös ist? Im Endeffekt bist du ja im Internet auch nur einen Klick von der nächsten „reich werden über Nacht ohne viel zu arbeiten"- Geschäftsidee entfernt.

Du hast Geld verbrannt durch dubiose Geschäftsideen mit leeren Versprechungen oder durch den Kauf von unbrauchbaren Online-Marketing-Kursen? Willkommen im Club! Auch mir ist es bis vor 5 Jahren so ergangen. In Wirklichkeit hast du überhaupt kein Geld verbrannt, sondern Lehrgeld bezahlt und dadurch gelernt, wie es nicht funktioniert.

Daher stellt sich die Frage: Wie kannst du ein seriöses und vor allem ein nachhaltiges Onlinebusiness aufbauen? Wie kannst du endlich dein Jobhamsterrad verlassen, weil du mehr passives Einkommen übers Internet verdienst als in deinem Hamsterrad-Job?

Das verrate ich dir in diesem Buch. Ich habe in den letzten 20 Jahren Hunderte von Geschäftsideen ausprobiert und getestet. Dabei habe ich auch sehr viele Fehler gemacht und eine Menge „Lehrgeld" bezahlt. Vor allem habe ich wertvolle Lebenszeit dadurch vergeudet. Was ich dabei lernte und vor allem, welche zehn fatalen Fehler du beim Online-Geld-verdienen unbedingt vermeiden musst, erfährst du in diesem Buch.

Das Wichtigste dabei ist aber meine Schritt-für-Schritt-Anleitung zur Online-Geldmaschine Marke Eigenbau. Ich zeige dir, welche Geschäftsmodelle seriös sind und wie du dir Schritt für Schritt dein eigenes nachhaltiges Onlinebusiness aufbaust, welches jeden Monat passives Einkommen auf dein Konto spült (und so noch jeder Krise standhält).

Eines noch vorweg. Falls du eine Anleitung zum „reich werden über Nacht" suchst, dann ist dieses Buch nicht das richtige für dich. Du kannst mit einem Onlinebusiness sehr viel Geld verdienen. Das geht aber nicht über Nacht und auch nicht von heute auf morgen. Es braucht seine Zeit und vor allem musst du dafür auch etwas tun. Rom wurde eben auch nicht an einem Tag erbaut ...

Ab heute endlich Klartext in Sachen Online-Geld-verdienen!

Links & Ressourcen

QR-Codes im Buch

Du findest in diesem Buch zahlreiche weiterführende nützliche Informationen (Tipps, Tricks, Empfehlungen und Praxisbeispiele), welche du mithilfe eines Links oder eines QR-Codes abrufen kannst. QR ist die Abkürzung von „Quick Response" und bedeutet „schnelle Antwort".

Damit du nicht mühselig eine Internetadresse eintippen musst, scannst du mit deinem Handy den QR-Code ab und wirst auf die entsprechende Webseite geleitet. Dadurch sparst du nicht nur Zeit, du kannst sofort die weiterführenden Infos an der richtigen Stelle abrufen.

Webseiten- und Videobeispiele lassen sich in einem Buch nicht so gut darstellen. Außerdem optimiere ich meine Webseiten und Videos laufend. Damit du immer auf dem aktuellsten Stand bist, findest du an passender Stelle jedes Mal ein Praxisbeispiel. Der QR-Code ermöglicht dir, dieses dann abzurufen.

So nutzt du einen QR-Code

Egal ob Smartphone oder Tablet, über die Fotokamera kannst du einen QR-Code "einscannen". Bei Apple Produkten wie iPhone und iPad funktioniert das über die Foto-App (unter „Einstellungen" -> „Kamera" muss die Funktion „QR-Codes scannen" aktiviert sein). Bei allen anderen Herstellern wird eine zusätzliche QR-Code-App benötigt. Diese kannst du kostenlos aus dem jeweiligen App-Store herunterladen. Gib dazu im Suchfeld deines App-Stores den Begriff „QR-Code-Scanner" ein und installiere danach eine passende App.

So funktioniert der QR-Code-Scanner:

1. Öffne die Foto-App (beim iPhone) oder die QR-Code-Scanner-App
2. Richte die Kamera auf den QR-Code
3. Scanne den QR-Code
4. Die App verarbeitet den QR-Code
5. Die App fragt dich, ob du auf die Webseite springen möchtest

Bonusmaterial

Nach jedem Kapitel findest du neben einer Zusammenfassung auch weiterführende Links sowie zusätzliche Aufgaben. Außerdem habe ich ein Online-Portal eingerichtet, auf dem ich Bonusmaterial für alle Leser bereitstelle. Dort befindet sich ein Videobegleitkurs sowie Checklisten, Mindmaps, Tools und Videos, die dir als Unterstützung beim Bau deiner Geldmaschine helfen sollen.

Zum Bonusmaterial:
www.roland-hamm.com/bonus

QR-Code zum Bonusmaterial

Vorwort von Ernst Crameri

Lieber Roland,

liebe Leser,

was für ein Buchtitel, der absolut zu dir passt lieber Roland. Du bist in der Tat ein Rebell und das Buch war schon längstens überfällig.

Was da alles im Online-Marketing abläuft, ist manchmal echt haarsträubend und umso schöner ist es, dass du Licht in das Dickicht bringst. Dann sprichst du ein solch wichtiges Thema an, passives Einkommen. Etwas, das letztlich jeder Mensch haben sollte, denn sonst bleibt es für viele ein ganzes Leben lang ein richtiger Kampf und Krampf.

Es ist einfach klasse, wenn Insider- oder auch Geheimwissen öffentlich gemacht und verteilt wird. Teilen, teilen ist die große neue Währung und kommt zigfach wieder zurück. Du als lieber Leser, zücke Bleistift und nimm einen Block zur Hand. Da schreibst du dir all die wichtigen Dinge, die dich berühren auf und dann geht es gleich an die Umsetzung. Denn Wissensriesen und Umsetzungszwerge gibt es schon mehr als genug am Markt, was wir brauchen, sind Umsetzungsriesen.

So genieße die nächsten Stunden mit diesem spannenden Buch von Roland. Die zehn schlimmsten Fehler, die du überhaupt machen kannst, und damit verbrennst du sehr viel Zeit und Geld. Dies ist definitiv unklug und sollte auf alle Fälle vermieden werden.

Gier frisst Hirn, die so gerne proklamierte „über Nacht schnell reich werden Nummer", funktioniert leider nicht. In über 42 Jahren im Business habe ich es immer wieder probiert und

Ausschau gehalten, ob es nicht doch für manches eine Abkürzung gibt. Leider habe ich bis heute keine gefunden und ich war im Austausch mit vielen erfolgreichen Menschen, doch auch die haben keine gefunden. Also eindeutig ein Ammenmärchen der Internet-Marketer. Kaufe dieses Produkt und dann bist du über Nacht reich. Der Einzige, bei dem es funktionieren könnte, ist bei demjenigen, der das Produkt hergestellt hat und nun einen Haufen faule Gläubige sucht. Die gerne die schnelle Nummer drehen möchten, ohne möglichst dafür arbeiten zu müssen.

Das Schlimmste, was du im Internetbusiness machen kannst, ist dein Geschäft auf gepachtetem Grund zu gründen und aufzubauen. Du bist manchmal schneller wieder weg vom Fenster, als dir lieb ist. Oftmals auch ohne eine Begründung, das geht von einer Sekunde zur nächsten. Hier gibt es wesentlich bessere und nachhaltigere Wege.

Es gibt im Internet so viele verschiedene Businessmodelle und da solltest du dir vorher gut überlegen, welches deinem Naturell entspricht und nachhaltig für dich wirken kann. Roland geht in Kapitel 3 der Frage nach, warum die meisten Menschen im Internet scheitern. Weil sie nicht richtig anfangen, ein wenig probieren reicht einfach nicht aus, um eine große Geschichte daraus werden zu lassen. Hier heißt es, voller Fokus darauf und absolut Vollgas zu geben. Das zweite riesige Handicap ist es, alles besser zu wissen und keine Lernbereitschaft an den Tag zu legen. Beim Lernen musst du natürlich auch darauf achten, von wem du etwas lernst und ob diese Person überhaupt eine Sprechberechtigung hat. Viele haben nämlich überhaupt keine und da liegt es an dir, genau hinzuschauen.

Ohne das nötige Durchhaltevermögen wirst du es sowieso nie schaffen, wie heißt es treffend, stark angefangen und noch viel stärker nach ein paar Tagen wieder aufgehört. Wer aufgibt, hat verloren, darum gilt hier eine klare Devise „Never, never give up!" Das zieht sich wie ein roter Faden durch alle Belange hindurch. Aufgeben ist niemals eine Option, ganz im Gegenteil. Macher geben übrigens nie, nie, niemals auf. Sie bleiben immer dran und diese haben auch keinen Plan B. Denn dieser Plan schwächt eindeutig den ersten Plan. Wir haben vollen Fokus und das hoch konzentriert.

Hoffnungsmarketing ist das, was die meisten täglich betreiben. Sie leben von einem Hoffnungstag zum nächsten und immer in der Hoffnung, jetzt endgültig den ganz großen Wurf gelandet zu haben. Der berühmte Moment, wo du es für alle ewigen Zeiten gepackt hast. Bitte an dieser Stelle ganz wichtig, gepackt hast du es erst bei deinem Ableben. Vorher ist alles im permanenten Wandeln und das wird auch so bleiben, darauf darfst du dich einstellen.

Dann hängt es davon ab, welche Nische du bei der ganzen Sache wählst. Nischen gibt es wie Sand am Meer, nur welche ist die richtige für dich. Welche entspricht deinem Naturell und gibt dir die nötige Freude und Passion dranzubleiben.

Für alle Produkte muss ein Markt vorhanden sein, nur wenn du diesen kennst und auch imstande bist ihn entsprechend zu bedienen, hast du den von dir gewünschten Erfolg. Wie heißt es so schön im Marketing: „Der Köder muss dem Fisch schmecken und nicht dem Angler!"

Im Blindflug unterwegs oder mit der berühmten Schrotflinte in den Wald schießen und hoffen, dass man schon irgendwas treffen wird, so kommt man niemals zum Erfolg. Denn dieser ist klar eine klare Strategie zu fahren und diese permanent zu kontrollieren. Das gibt dir die Chance, immer und sofort das berühmte Feintuning anzuwenden.

Erfolg haben zu wollen zum Nulltarif, das funktioniert aber nicht. Du musst Geld in die Hand nehmen, einmal Investition in dich selbst und dann in das Marketing deiner Produkte oder Dienstleistungen.

Trial and Error kann man natürlich leben, viel besser ist es jedoch, sich Hilfe zu holen. Immer genau zu wissen, was man gerade tut und wohin die Reise geht. Das gibt dir entsprechende Sicherheit und Stabilität. Business zu betreiben ist ein wundervoller Traum, macht unendlichen Spaß und bringt ganz viel Lebensfreude. Wenn die entsprechenden Erfolge auch vorprogrammiert sind und dann Wirklichkeit werden.

Verwende auch du die entsprechenden und bewährten Erfolgsformeln. Es fängt mit einem klaren, konkreten, messbaren und unmissverständlichen Ziel an. Das ist die berühmte Grundlage, um darauf aufzubauen. Dann folgt die wichtige Wahl deiner Marktnische. Kennst du bereits deinen idealen Kunden? Du kannst nicht gleich für die gesamte Welt da sein, das ist der Tod, bevor es überhaupt richtig losgeht.

Webseite ist noch lange nicht Webseite, was sollte unbedingt auf dieser Seite zu finden sein und was lässt du besser sein? Danach legst du mit deinem Content los, was hast du der Welt da draußen zu sagen und wieso bist gerade du der Experte, was gibt dir Sprechberechtigung?

Wie schreibst du passende Blogartikel, die gerne gelesen werden und automatisch dazu führen, dass der Lesende bei dir kauft? Welche spannenden Partnerprogramme gibt es auf dem Markt und wozu dienen diese?

Leadmagnet - wie ziehst du Interessenten förmlich an und machst sie im ersten Schritt zu Kunden, und dann sehr schnell zu deinen Fans? Diese sind dir so was von treu und kaufen einfach alles, was du anzubieten hast.

Auf Knopfdruck Geld zu drucken, geht das überhaupt und wenn ja, wie macht man es? Dann die wichtige Konversion, eben diese berühmte Umwandlung und hier braucht es stets klare Zahlen, Daten und Fakten.

Dann folgt das Testen, und nochmals testen. E ist die berühmte Never-ending-Story. Danach folgt das, was viele nicht lieben, das ist die berühmte Kontrolle. Ohne Kontrolle bist du immer ziemlich im Blindflug und das kommt definitiv nicht sehr gut.

Roland Hamm ist ein absoluter Praktiker, der dich in diesem Buch an die Hand nimmt und dich zu entsprechenden Ergebnissen führen kann. Wenn, ja, wenn du bereit bist, unendlich viel zu lernen und immer in die Umsetzung zu gehen.

Dir lieber Leser wünsche ich maximale Erfolge auf dieser wundervollen Reise, genieße sie aus tiefstem Herzen. Dazu wünsche ich dir die absolute finanzielle Freiheit auf allen Ebenen.

Dem Buch und damit dir, lieber Roland, so viele Leser und damit den gewünschten Erfolg. Das Buch ist es mehr als Wert, zu den großen Büchern zu gehören.

Auf ganz viel Gesundheit für uns alle und ein langes, unversehrtes Leben.

Euer/Dein Ernst Crameri

https://crameri.de
https://cramerishop.com
https://ergebnisorientiert.com
www.crameri-akademie.de
www.facebook.com/ErnstCrameri

Scheißmontag oder Scheißjob?

Piep, piiep, piiep, piiep!

Ein kalter Schauer läuft mir den Rücken entlang!
Was ist das für ein Lärm mitten in der Nacht, wer stört mich da bei meinem Schönheitsschlaf?
Schweißgebadet springe ich auf! Alarm! Alarm!
Meine Frau tritt mir ans Schienbein, hey bleib locker, das ist kein Feueralarm, das ist dein Wecker! Jetzt bin ich wach, ooohhhh Fuck, denke ich, ich hab schlecht geträumt, das ist echt nicht der Feueralarm, das ist mein fucking Wecker.
Es ist schon wieder Scheißmontag.
Ein Weltklassewochenende ist zu Ende und die Sklavenwoche beginnt wieder. Dabei hätte ich noch mindestens drei Stunden schlafen können. Oh Mann, wieder fünf Tage auf der Galeere gegen den Strom rudern.
Ich schleppe mich ins Bad, putze meine Zähne. Dabei kommen einige Gedanken hoch.

- Hoffentlich ist heute kein Stau.
- Ich hoffe, ich hab mal einen angenehmen Kunden.
- Hoffentlich quält mich mein Chef (der Sklaventreiber) heute nicht.
- Wieso ist der Montag noch nicht vorbei?
- Warum kann ich nicht nur zwei Tage arbeiten und habe dann fünf Tage Wochenende?

Noch ganze fünf Tage hart arbeiten, dann ist endlich wieder Frei-Tag, Frei-Tag barambarambambam. Ich fühle mich echt wie ein Sklave, fremdbestimmt! Urlaub gibt es nur, wenn Herr „Sklaventreiber" es erlaubt. Jeden Tag die neue Lage zählen bis zum Wochenende, wo ich zwei Tage lang selbst bestimmen kann, was ich mache.
Wie ich dieses Leben hasse und dieses Szenario muss ich echt noch 25 Jahre aushalten, dass ich endlich mal meine Pension

(Rente) genießen kann, um alles, was ich die letzten 65 Jahre nicht gemacht habe, nachholen zu können. Wieso tue ich mir das nur an? Wenn ich mir meinen Gehaltszettel anschaue, kommen mir die Tränen! Der ist wohl mit Zwiebel eingerieben worden. Oh Mann, denke ich, ich muss den ganzen Tag schuften, werde aber nur für halbtags bezahlt, wenn ich mir die Zahl unterm Strich genau anschaue. Das ist ja auch nicht viel mehr als eine Lehrlingsentschädigung und für das hab ich mich in der Schule so lange abgequält.

Genau so fühlte ich mich die letzten 20 Jahre. Am Sonntag musste ich schon an den Scheißmontag denken und an die Arbeit.

Bis ich eine Entscheidung traf! Ich lasse mich nie mehr unter der Woche vom Wecker wecken, weil ich in die Arbeit muss und ich lasse mir vor allem nie mehr von irgendeinem Vollpfosten sagen, welche Arbeit ich machen muss.

Ja, die Entscheidung war leicht, die letzten fünf Jahre aber nicht immer. Vor allem, wenn am Anfang das Geld nur leicht reintröpfelt, du Zeit und Geld in ein Projekt steckst und sich im Nachhinein herausstellt, das war nur ein Rohrkrepierer. Geld weg und Zeit umsonst investiert, oder wie man in Österreich so schön sagt Lehrgeld bezahlt. Im Endeffekt habe ich ja kein Geld verloren, sondern um die Summe X etwas dazugelernt, und zwar, wie es nicht funktioniert oder dass ich besser auf mein Bauchgefühl hätte hören sollen.

Aber auch die Widerstände von außen wurden immer größer. Jeder will dich retten und empfiehlt dir einen „sicheren" Job. Aber das Einzige, was sicher ist, ist der Tod und natürlich die Steuern …

… lange Rede kurzer Sinn, ich habe mir eines geschworen, ich ziehe mein Online-Marketing-Ding durch, komme, was da wolle, mich kann nichts und niemand aufhalten.

Mittlerweile verdiene ich im Internet in ein paar Tagen mehr Geld als in meinem alten Hamsterrad-Job in einem ganzen Monat.

Schreibe ich das zum Angeben?

Nein, das schreibe ich um dir Mut zu machen, dass du dich nicht bis zur Pension (Rente) damit abgibst 45 Jahre lang fremdbestimmt durchs Leben zu gehen, sondern dein Leben selbst in die Hand nimmst. Auch nie, nie, nie mehr den Wecker stellen zu müssen (außer für den Flieger oder Hubschrauber in den nächsten Urlaub). Machen können was man will und wann man es will, egal was es kostet.

Welche Fehler ich in den letzten zehn Jahren beim Online-Geld-verdienen gemacht habe, wie du diese vermeidest und wie du dir in zwölf simplen Schritten smart ein Onlinebusiness aufbaust, dass verrate ich dir in diesem Buch.

Lass uns daher gleich starten ...

Viel Erfolg, dein

Roland Hamm

P.S. Ich empfehle dir als Ergänzung zu diesem Buch meinen gratis Videobegleitkurs. Du findest diesen im Online-Portal, auf dem ich weiteres Bonusmaterial für dich bereitstelle. Dort befinden sich Checklisten, Mindmaps, Tools und Videos, die dir als Unterstützung beim Aufbau deiner Geldmaschine helfen sollen.

Hier kannst du kostenlos darauf zugreifen:
www.roland-hamm.com/bonus

Die 10 schlimmsten Fehler beim Geldverdienen im Internet

... und wie du sie vermeidest

Bevor ich dir zeige, wie du dir Schritt für Schritt eine Geldmaschine Marke Eigenbau aufbaust, möchte ich dir noch die zehn schlimmsten Fehler beim Geldverdienen verraten.

Diese Fehler habe ich fast alle in den letzten 20 Jahren selbst gemacht. Das war teilweise sehr schmerzhaft, hat mich viel Lebenszeit gekostet und auch viel Geld. Mit der Erfahrung von heute würde ich sagen, ich habe dabei kein Geld verloren, sondern Lehrgeld dafür bezahlt. Lehrgeld, um zu erkennen, wie es nicht funktioniert!

Es ist daher sehr wichtig, diese Fehler schon vor dem Start in ein Onlinebusiness zu kennen. Vor allem solltest du diese unbedingt vermeiden. Der Aufbau eines nachhaltigen und vor allem krisensicheren Internetbusiness braucht seine Zeit!

Schnell Geldverdienen ist zwar sehr verlockend, aber meistens wird dabei nur einer reich, der Betreiber eines „schnell reich werden über Nacht" Programms. Des Weiteren sind solche Angebote indem meisten Fällen illegal und vor allem nicht nachhaltig.

Darum lasse uns gleich mit einem der schlimmsten Fehler starten ...

Fehler Nummer 1: Gier frisst Hirn - Schnell reich werden über Nacht

Millionärslehrling gesucht …

… habe ich vor einiger Zeit in einer Facebook Anzeige gelesen.

Irgendwie hatte ich da ein Déjà-vu, denn vor 20 Jahren habe ich so eine Anzeige das erste Mal gelesen. Damals bin ich gerade in die Network-Marketing-Branche eingestiegen und glaubte noch an die dubiosen Geschäftsideen zum „schnell reich werden über Nacht". Klar, ich war jung und natürlich naiv.

Heute weiß ich, wenn du schnell reich werden möchtest, dann spiele einfach Lotto. Hier hast du in Österreich zweimal in der Woche die Chance über Nacht Millionär zu werden.

Naja, 99,9 % der Leute werden nie im Leben einen Lotto-Sechser machen, stehen doch die Chancen bei 1 zu 8'145'060, und wahrscheinlich wirst du eher noch österreichischer Bundespräsident als Lotto Millionär.

Aber zurück zum Thema.

Denn der genaue Wortlaut der Anzeige war so:

„Millionärslehrling gesucht. Aus 175 € in 12 Monaten 250'000 Euro machen. Ich zeige dir wie! Info?"

Und dieselbe Anzeige hat in derselben Facebook Gruppe noch so eine Dumpfbacke gepostet. Entschuldigung für den Ausdruck, aber was soll man zu solchen Leuten anderes sagen?

Für mich ist so eine Aussage eine geheime Botschaft …

Möchtest du wissen, welche geheime Botschaft dahintersteckt?

Hey, ihr gierigen Dummköpfe ohne Gehirn (weil ja bekanntlich die Gier das Hirn frisst), gebt mir mal euer schwer verdientes Geld, dass ich endlich Millionär werde! Wenn es dann so weit ist, mache ich mich damit aus dem Staub und bis ihr Vollpfosten das mitbekommt, bin ich über alle Berge, in Dubai oder sonstwo ...

Klingt brutal?

So ist es aber, denn bei den meisten Leuten setzt bei der Geldgier das Hirn aus und deshalb fallen immer wieder Leute darauf rein und kommentieren mit „Info bitte".

Worauf ich hinauswill?

Schalte bei der nächsten Anzeige, wenn es ums Thema Geld geht, einfach mal dein Gehirn ein, denn schnell reich werden geht nur durch:

- Erben
- Im Lotto gewinnen
- Reich heiraten

Bist du auch schonmal über solche Mega-„Geschäftsmöglichkeiten", die an jeder Internetecke angeboten werden, gestolpert?

- In 180 Tagen 5'000 Euro jeden Monat. Ohne Startkapital.
- Geld mit Wetten. 600 € in nur 6 Tagen.
- Mit 0 € Budget zu über 20'000 € im Monat.
- Wer möchte heute in 24 Stunden 13'000 € verdienen
- 0 Prozent Investition, kein Verkauf, kein Risiko, sicher, seriös, garantiert, erfolgserprobt
- und, und, und

Wie soll das gehen?

Das frage ich mich immer, wenn ich so etwas lese. Frage ich dann den Werbenden nach Zahlen, Daten und Fakten, ist danach meist tote Hose. Weil oft nur Amateure mit solchen Aussagen Werbung betreiben und sich vom Herausgeber solcher Programme blenden lassen.

Der Einzige, der nämlich damit das große Geld macht, ist der Betreiber solch eines Programms. Glaube es mir, ich habe mir zahlreiche Geschäftsmöglichkeiten in den letzten Jahren angeschaut und wie schon erwähnt in das eine oder andere Projekt investiert. 99 % dieser „Mega"-Geschäfte entpuppten sich im Nachhinein als Rohrkrepierer, weil es entweder ein Pyramidenspiel, auch Scam genannt, war, die Betreiber mit dem Geld abgehauen sind oder es pleite ging und kein Geld mehr ausgezahlt werden konnte.

Auch wenn oft damit geworben wird, dass es eine deutsche oder österreichische Firma ist. Ich war sogar bei einem Unternehmen, wo ich die Geschäftsführerin persönlich kannte. Als sie dann als Geschäftsführerin zurücktrat, war mir sofort eines klar: *„Die Ratten verlassen das sinkende Schiff"*.

So war es dann auch, denn ab diesem Zeitpunkt wurden von diesem MLM Unternehmen keine offenen Provisionen mehr ausbezahlt. Bis heute ist mir das Unternehmen noch ca. 5'000 Euro offene Provisionen sowie eine Kreuzfahrt in die Karibik schuldig.

Das wichtigste zum Fehler, Gier frisst Hirn, auf den Punkt gebracht

"Schnell reich werden über Nacht" gibt es nur beim Lottospielen und wie die Chancen auf einen Lottosechser stehen, habe ich dir schon vorher erläutert. Bei Aussagen wie „kein Risiko, sicher, seriös, erfolgserprobt, deutsches Unternehmen, null Prozent Investition und vor allem bei übertriebenen Gewinnaussichten, sollten bei dir die Alarmglocken läuten.

Klar, wenn man unter den ersten ist, kann man damit ein paar Euros verdienen, aber den letzten beißen ja bekanntlich die Hunde. Je später du so etwas dann startest, desto wahrscheinlicher ist es, dass du Geld verlieren wirst. Solche Systeme sind zum einen nicht nachhaltig und zum anderen meist illegal. Oft genügt ein Blick auf das Impressum der Webseite, um zu sehen, was gespielt wird. Entweder ist es nicht EU-konform oder die Firma befindet sich irgendwo auf einer einsamen Insel.

Was ich alles erlebt habe, verrate ich dir auch in meiner Podcastfolge „Gier frisst Hirn":

www.roland-hamm.com/podcast-37

Mache deshalb einen weiten Bogen um solche Systeme!

Ein wichtiger Hinweis! Bei jeder Geschäftsmöglichkeit ist natürlich ein gewisses Risiko dabei und bei jedem selbstständigen Geschäft, musst du neben Zeit auch ein paar Euro investieren. Das sollte dir schon von Anfang an klar sein. Welche Möglichkeiten zum Geldverdienen im Internet ich empfehle, verrate ich dir im Laufe dieses Buches. Kommen wir zunächst zu Fehler Nummer 2.

Fehler Nummer 2: Ein Geschäft auf gepachtetem Grund aufbauen

Sicher fragst du dich jetzt, was ein Geschäft auf gepachteten Grund ist?

Zuerst einmal eine einfache Erklärung was pachten überhaupt bedeutet:

„Eine Sache und deren Erträge gegen Bezahlung zur Nutzung über einen bestimmten Zeitraum überlassen zu bekommen."

Du pachtest z.B. 1 ha Land und baust dort dann Getreide, Gemüse, Obstbäume, Weingärten usw. an. Alles, was du damit erwirtschaftest, sind deine Einnahmen. Das Einzige, was du bezahlen musst, ist die vereinbarte jährliche Pacht (und natürlich Steuern).
Pachtverträge werden meist über mehrere Jahre abgeschlossen. Wird der Pachtvertrag danach nicht mehr verlängert, sind auch deine Einnahmen weg.

Was hat das jetzt mit einem Business zu tun?

Wenn du z.B. **Network-Marketing** betreibst, baust du genau so ein Geschäft auf gepachteten Grund auf.
Falls du nicht weißt, was Network-Marketing bedeutet hier eine kurze Erklärung, was Wikipedia darüber schreibt:

„Netzwerk-Marketing (auch Network-Marketing, Multi-Level-Marketing (MLM), Empfehlungsmarketing oder Strukturvertrieb) ist eine Spezialform des Direktvertriebs. Im Unterschied zum klassischen Direktvertrieb werden Kunden angehalten, als selbstständige Vertriebspartner weitere Kunden anzuwerben."

Du erhältst bei einem MLM-Unternehmen für eine jährliche „Pacht" (=Lizenzgebühr) ein schlüsselfertiges Business und bist dann selbstständiger Vertriebspartner dieses Unternehmens.

Jetzt musst du dich an die Regeln und Vorgaben des MLM's halten, weil dir sonst schnell mal wieder die Lizenz entzogen werden kann. Außerdem hat das MLM-Unternehmen jederzeit die Möglichkeit an der Provisionsschraube zu drehen und diese zu kürzen oder zu verändern. Es kann natürlich auch pleitegehen oder das Geschäftsfeld komplett ändern von z.B. Multi-Level-Marketing (du verdienst auch an deinen Vertriebspartner mit) zum Direktvertrieb (du verdienst nur noch an deinen eigenen Verkäufen). Oder, wie ich es schon mal erlebt habe, wird von Multi-Level-Marketing auf Affiliate-Marketing umgestellt. D.h., du erhältst nur noch eine Provision bei Verkäufen an deine direkten Kunden.

Ein sehr wichtiger Punkt, den die meisten Partner eines MLM-Unternehmens nicht kennen ist folgender. Wenn du bei dem Unternehmen wieder aufhörst, dann gehören diese Kunden- und Kontaktdaten nicht dir, sondern dem MLM-Unternehmen. Es ist genauso, als ob du als Angestellter im Vertrieb arbeitest. Die Kundendaten gehören dem Unternehmen und nicht dir.

Außer du warst beim Aufbau deines Network-Marketing-Unternehmens schlau und hast die Kontaktdaten im ersten Schritt nicht über die Webseite des MLM-Unternehmens eingesammelt, sondern über deine eigene Webseite oder über ein eigenes Kontaktmanagement-System. So habe ich es nämlich früher gemacht, als ich noch Network-Marketing betrieben habe.

Wenn du gerade in der Network-Branche tätig bist und ein gutes Kontaktmanagement- und Automatisierungstool für deine Kunden, Vertriebspartner und Interessenten suchst, dann empfehle ich dir 4Leads. Damit kannst du Visitenkarten gleich über dein Smartphone Scannen und automatisch in deiner Kontaktverwaltung speichern. Das spart dir nicht nur eine Menge an Zeit, du automatisiert dadurch auch dein

Business. Mehr über 4Leads und warum ich es selbst verwende, erfährst du noch im Laufe des Buches.

In der Network-Marketing-Branche habe ich den letzten 20 Jahren sehr viel gelernt. Negatives aber auch viel Positives. Es kann ein Weg sein, um sich ein Business aufzubauen, für mich persönlich ist es aber nicht der richtige Weg. Daher habe ich dieser Branche vor über drei Jahren den Rücken gekehrt und betreibe nur noch mein eigenes Onlinebusiness.

Ein weiteres Beispiel zum Thema Business auf gepachteten Grund möchte ich hier noch anführen.

Instagram (gilt aber genauso für Youtube, Facebook und Co.)

Instagram geht gerade so richtig ab und jeder will jetzt ein Stück vom Kuchen abbekommen. Somit stürzen sich die Leute regelrecht darauf. Erstellen den ersten Account, posten, kommentieren, liken und bauen Follower und Fans auf. Im Prinzip spricht ja gar nichts dagegen. Ich mache es genauso.

Fatal wird es aber, wenn du dich nur auf Instagram verlässt. Also nichts anderes mehr machst. Denn gerade Social-Media-Kanäle sind das beste Beispiel für einen gepachteten Grund. Du kannst diese zwar kostenlos nutzen, musst dich aber an die Regeln der Plattform halten. Machst du das nicht, kann dein Account gesperrt werden und dein Business wäre von heute auf morgen tot. Klar könntest du dir bei einer Sperre einen neuen Account anlegen. Du fängst aber wieder bei Null an und bis dieser Account wieder in der vollen Stärke ist, kann es Monate, wenn nicht gar Jahre dauern.

Vielleicht kennst du Google Plus (Google+) noch. Das war die Social-Media-Plattform von Google. Viele hatten früher auf diese Plattform gesetzt. Ich hatte sie zwar auch genutzt, mir war sie aber immer unsympathisch. Daher habe ich dort wenig Zeit investiert im Gegensatz zu vielen anderen. Am 2. April 2019 wurde Google+ aber „eingestampft" und gelöscht. Google ist ja auch nicht „irgendwer" und wahrscheinlich hätte niemand gedacht, dass so was mal passieren wird. Es zeigt aber klar und deutlich, dass du niemals ein Business auf einer

Social-Media-Plattform aufbauen solltest, sondern diese nur als Traffic-Quellen und als Branding deiner Marke verwendest.

Gerade bei den Social-Media-Kanälen gibt es auch laufend gravierende Veränderungen. Bei Facebook zum Beispiel geht die Sichtbarkeit eines Posts mit einem externen Link, schon seit über einem Jahr enorm verloren. Wurde so ein Post früher vielleicht bei 50% deiner Freunde angezeigt, sind es jetzt vielleicht noch 5-10 % (oder noch weniger) wenn du einen externen Link verwendest.

Dadurch funktioniert die Strategie „Affiliate-Links in vielen Facebook Gruppen posten", die einige „Möchtegern-Online-Gurus" in letzter Zeit verkauft haben, nicht mehr.

Hier könnte ich noch viele weitere Beispiele bringen, das würde aber den Rahmen dieses Buches sprengen und ich denke du hast jetzt sicher verstanden, auf was ich hinauswollte.

Einen ganz wichtigen Tipp möchte ich dir aber noch geben. Verwende generell und auf allen Social-Media-Plattformen immer ein sicheres Passwort mit mindestens 16 Zeichen. Ein sicheres Passwort besteht aus Sonderzeichen, Zahlen sowie Groß- und Kleinschreibung.

Hier ein Beispiel eines sicheren Passwortes:
6dnf5eNlE*SkS6&/

Klar kann man sich diese Passwörter nicht merken, daher verwende ich schon seit Jahren ein Passwort-Tool namens Lastpass. Wie der Name schon sagt, musst du dir dann nur noch ein einziges sicheres Passwort merken und kannst so auf alle deine anderen Passwörter zugreifen. Das spart außerdem enorm viel Zeit.

Im Online-Portal (www.roland-hamm.com/bonus) zeige ich dir, wie Lastpass funktioniert und wie du es kostenlos nutzen kannst.

Wie du dir ein komplexes Passwort ganz leicht merken kannst

Wenn du ein Passworttool wie beispielsweise Lastpass verwendest, dann musst du dir nur noch ein sicheres Passwort merken. Die Frage ist dann nur, wie kannst du dir so ein komplexes Passwort leicht merken?

Das geht ganz einfach, indem du dir einen Satz merkst und davon immer den ersten Buchstaben der Worte, die Satzzeichen und auch die Zahlen als Passwort verwendest.

Das ist ein sehr sicheres Passwort, weil es aus mindestens 16 Stellen besteht!

Das Passwort würde jetzt so lauten: DiessP,weam16Sb!

Weiter empfehle ich dir, für jede Plattform ein eigenes Passwort zu verwenden. Sollte nämlich mal einer deiner Accounts gehackt werden, sind deine anderen Accounts noch geschützt und darüber hinaus musst du das Passwort deiner anderen Accounts nicht ändern.

Wenn du wie oben schon erwähnt das Passworttool Lastpass verwendest, sparst du sehr viel Zeit, weil das Passwort und der Benutzername sofort eingeben werden, wenn du die entsprechende Webseite öffnest.

Das wichtigste zum Fehler, ein gepachtetes Business, auf den Punkt gebracht

Mache dich nicht abhängig und baue nie ein Business auf gepachtetem Grund auf. Wenn du das machst, erschließe unbedingt noch weitere Einkommensquellen. Dann hast du im Fall der Fälle nicht alles verloren. Benutze Youtube, Instagram und Co. als Traffic-Quellen, aber verlasse dich nicht zu 100 Prozent darauf. Ich verwende YouTube und Co. hauptsächlich als Traffic-Quellen, um meine Webseiten und Angebote zu promoten.

Meine wichtigste Regel lautet daher:

Eigene Webseite vor Facebook, Youtube und Co., denn ohne eigene Webseite hast du kein eigenes Onlinebusiness!

Fehler Nummer 3:
Das falsche Businessmodell wählen

Möglichkeiten, um im Internet Geld zu verdienen, gibt es genug. Aber gerade am Anfang, weiß man nicht so recht, was man überhaupt machen soll. Da der „Online Geld verdienen"-Rebell ein reines Onlinebusiness betreibt, möchte ich dir hier einige Möglichkeiten vorstellen, die gerade für Anfänger, aber auch für Fortgeschrittene am besten geeignet sind.

Affiliate-Marketing

Affiliate-Marketing ist eines meiner Lieblings-Businessmodelle, weil du relativ schnell die ersten Einnahmen damit generieren kannst. Im Laufe der Zeit lässt sich dieses Geschäftsmodell im Übrigen perfekt mit anderen Geschäften kombinieren.

Was ist Affiliate-Marketing überhaupt?

Beim Affiliate-Marketing bewirbst du ein Produkt von jemand anderen und bekommst dafür erst im Erfolgsfall eine Provision. Bei den Produkten kann es sich entweder um physische Produkte oder digitale Produkte handeln.

Für den **Vendor**, so nennt man den **Produkthersteller**, hat es den Vorteil, dass dieser den Affiliate erst bezahlt, wenn er einen Verkauf gemacht hat. Er spart somit auch Werbekosten und kann daher mehr Provision abgeben. Der **Affiliate**, so nennt man den **Vertriebspartner**, der das Produkt dann bewirbt, hat wiederum den Vorteil, dass er kein eigenes Produkt herstellen und sich auch nicht um den Support kümmern muss. Er kann somit Fremdprodukte (in fast jeder Nische) bewerben und erhält dafür bis zu 75 % Provision.

Wie hoch sind die Provisionen?

Bei physischen Produkten liegen die Provisionen meist nur bei 1 bis 15 %, hingegen sind bei digitalen Produkten Provisionen von 25 bis 75 % keine Seltenheit.

In der Offlinewelt können Verkäufer von solchen Provisionen nur träumen. Aber genau so, wie ein Verkäufer in der Offlinewelt erst verkaufen lernen muss, ist es auch in der Onlinewelt. Um daher im Affiliate-Marketing erfolgreich zu werden, brauchst du natürlich auch eine Ausbildung, so wie in jedem anderen Beruf auch.

Leider verstehen das die meisten Leute nicht …

Und genau hier ist der Haken und dann kommt diese Frage:

Ist Affiliate-Marketing tot?

Das funktioniert ja gar nicht …

Affiliate-Marketing ist tot, habe ich in den letzten Monaten immer wieder von dem einen oder anderen „Internet-Marketing-Guru" gehört! Doch was ist wirklich dran an dieser Behauptung? Was es damit auf sich hat und warum du ab heute kein Kannibalenmarketing mehr betreiben sollst, das verrate ich dir in diesem Abschnitt.

Oft wird dir von den „Möchtegernexperten" vermittelt, dass du nur ein paar Affiliate-Links auf deinen Social-Media-Accounts posten musst und schon machst du deine ersten Einnahmen.

Das hat vielleicht vor ein paar Jahren funktioniert. Da aber wie schon erwähnt, Facebook (und auch andere Plattformen) permanent an ihrem Algorithmus schrauben, geht die Reichweite und somit die Sichtbarkeit der einzelnen Beiträge immer mehr runter. Was so viel bedeutet wie, dass deine Beiträge in Gruppen vielleicht nur noch von 5-10 Prozent der Leute in dieser Gruppe gesehen werden. Wenn du einen externen Link einfügst, dann geht die Sichtbarkeit noch weiter runter, denn Facebook möchte natürlich, dass du kostenpflichtige Werbung bei ihnen buchst.

Die Strategie des Gruppenpostens in Facebook funktioniert daher kaum noch.

Aber darum ist Affiliate-Marketing nicht tot, denn: **Affiliate-Marketing lebt!**

Was sich geändert hat, ist die Art und Weise, mit der du es betreiben musst ...

Warum die meisten Menschen im Affiliate-Marketing scheitern?

Eigentlich gibt es drei Gründe, warum die meisten generell im Online-Marketing scheitern:

- Sie fangen nie richtig an.
- Sie sind nicht lernbereit.
- Sie haben kein Durchhaltevermögen und geben zu früh auf.

Grund eins – Nie richtig anfangen

Hast du auch schon mal ein Buch gekauft, aber nie begonnen es zu lesen? Oder du hast damit zwar angefangen, bist aber nie über das erste Kapitel hinausgekommen?

So ähnlich ist es im Online-Marketing.
Jemand kauft voller Euphorie einen Onlinekurs, schaut mal kurz rein, ist dazu noch etwas überfordert und fängt nie richtig damit an. Auch mir ist es früher so gegangen. Ich habe

sogar einige Kurse gekauft, die heute noch originalverpackt im Schrank stehen.

Du bist halt nur einen Klick davon entfernt, das nächste Geheimnis zum Thema Online- Geld-verdienen in einem Kurs zu erfahren.

Und so habe ich früher den fatalen Fehler gemacht, einen Kurs nach dem anderen zu kaufen, im Glauben, dass dieser mir jetzt den Durchbruch bringt. Dadurch fängst du nie richtig an, denn wenn es zur Sache geht, hast du schon den nächsten Kurs gekauft.

Man nennt das auch Hoffnungsmarketing und das ist dann schon der Fehler Nummer 4, dazu aber später mehr.

Die größte Hürde im Affiliate-Marketing?

Eine der größten Hürden im Affiliate-Marketing ist es, einen perfekten Affiliate-Funnel zu erstellen. Ein Affiliate-Funnel, auch Verkaufstrichter für ein Affiliate-Produkt genannt, beschreibt die einzelnen Stufen eines Verkaufsprozesses. Einfach gesagt bedeutet das, du „wirfst" oben in deinen Verkaufstrichter Interessenten rein und unten kommen dann die zahlenden Kunden raus.

Wenn du z.B. ein Produkt zum Thema Abnehmen bewirbst, sollten es auch übergewichtige Personen sein, die du oben in den Trichter reinwirfst und keine normalgewichtigen Leute. Denn wenn der Interessent kein Problem mit seinem Gewicht hat, kannst du tausende Menschen oben rein werfen, es wird keiner davon etwas kaufen.

Also wirfst du oben in deinen Trichter so viele Leute deiner Zielgruppe wie möglich rein und am Ende kommen unten über deinen perfekten Sales-Funnel dann die Kunden raus.

Wie du als Anfänger so einen Affiliate-Funnel in weniger als 3 Tagen fix und fertig erstellst, verrate ich dir, wenn du weiter liest.

Im Affiliate-Marketing kann ein Verkaufstrichter so aussehen:

- Landing-Page mit Leadmagneten
- Refinanzierungsprodukt
- Verkaufsseite des Affiliate-Produkts

1. Landing-Page mit Leadmagnet

Die Landing-Page oder auch Email-Einsammelseite dient in erster Linie dazu, den Interessenten zuerst im Tausch gegen eine Email-Adresse ein Freebie (= Gratisangebot) in seinen Newsletter zu bekommen. Erst im zweiten Schritt werden dem Interessenten dann Angebote sowie Tipps und Tricks zum jeweiligen Thema geschickt. Der wichtigste Grundsatz im Online-Marketing lautet daher:

LEAD vor SALE = Email-Adresse vor dem ersten Verkauf

Warum ist das so?

Ein Kunde kauft nicht sofort nach dem ersten Kontakt. Es gibt eine sogenannte Sieben-Kontakte-Regel. Diese besagt, dass ein Kunde durchschnittlich sieben Kontakte benötigt, bevor er einen Kauf tätigt. Das bedeutet, wenn du einen Interessenten auf eine Verkaufsseite schickst und dieser nicht gleich kauft, ist der Interessent weg. Die meisten Verkaufsseiten haben außerdem nur eine durchschnittliche Conversion-Rate von etwa 0,33 Prozent oder weniger. Gute Verkaufsseiten schaffen eine Conversion-Rate von einem bis fünf Prozent, manchmal sogar um einiges höher.

Die Conversion-Rate, auch Konversionsrate oder Konvertierungsrate genannt, zeigt das Verhältnis der Besucher einer Website zur Umwandlung in einen Kunden oder Newsletter-Abonnenten. Die Conversion kann ein Kauf oder eine andere Transaktion sein, wie z.B. ein Banner-Klick oder das Eintragen in einen Autoresponder.

Die Conversion-Rate wird in Prozent angegeben. Ein Prozent Conversion bedeutet, dass von 100 Besuchern einer zu einem Kunden geworden ist. Bei einer durchschnittlichen Conversion-Rate von 0,33 Prozent brauchst du schon ca. 300 Besucher pro Kauf.

Da die Conversion-Rate bei einem Gratisangebot, viel höher liegt, teilweise bei 10 bis 50 Prozent, ist es viel sinnvoller, vorher ein Gratisangebot zu bewerben und danach erst über den Newsletter zu verkaufen. Mit dem Newsletter baust du darüber hinaus vertrauen auf und machst wegen der Sieben-Kontakte-Regel, viel mehr Verkäufe. Obendrein kannst du weitere Angebote an deine Newsletterleser versenden und so deine Einnahmen erhöhen.

Ein Leadmagnet, auch Freebie genannt, kann ein Report, eine Checkliste, ein Hörbuch, ein Videokurs oder ein Webinar sein. Ich bevorzuge Checklisten und Reporte, weil sie relativ schnell erstellt werden können oder gleich ein Webinar. Hat sich ein Interessent dann in deinen Newsletter eingetragen, startet eine Emailserie mit dem Verkauf, der das Affiliate-Produkt dann bewirbt.

2. Refinanzierungsprodukt

Hat sich also ein Interessent auf deiner Landing-Page einge-tragen, erhält er nicht sofort dein Gratisangebot, sondern du machst ihm noch ein einmaliges Verkaufsangebot. Meist ein Ebook oder ein kleiner Videokurs für 7-15 Euro. So ein Pro-dukt wird in den USA auch Tripewire (=Stolperdraht) genannt. Im deutschsprachigen Raum nennen wir es Refinan-zierungsprodukt, weil es nur dazu dient, den ersten Verkauf zu generieren, um die eigenen Werbekosten zu refinanzieren.

3. Verkaufsseite des Affiliate-Produktes

Hier machen die meisten Anfänger den Fehler, dass sie direkt die Verkaufsseite oder den Leadmagneten des Verkäufers bewerben. Also nicht wie oben beschrieben den eigenen Leadmagneten, um somit die eigenen Email-Adressen selbst einzusammeln und erst im zweiten Schritt die Verkaufsseite des Affiliate-Produktes zu bewerben.

Wie du mit einem fix und fertigen Affiliate-Funnel schnell und einfach starten kannst, das verrate ich dir noch im weiteren Verlauf.

Ich möchte noch erwähnen, dass du natürlich jeden Newsletter-Abonnenten mit einem Double-Optin Verfahren generieren solltest. Das bedeutet der Newsletter-Abonnent muss extra zustimmen, dass du ihm weitere Emails schicken darfst. Auch wenn sich das jetzt etwas kompliziert anhört, jeder gute Affiliate bzw. Online-Marketing Videokurs erklärt dir Schritt für Schritt wie du das Ganze umsetzt.

Fassen wir die wichtigsten Tipps nochmals kurz zusammen:

Im Online-Marketing und vor allem auch im Affiliate-Marketing gilt noch immer die uralte Regel „Lead vor Sale". Was so viel bedeutet wie: Zuerst einmal die Email-Adresse einzusammeln und deine Liste aufzubauen, dann erst mit dem Verkauf starten.

Nicht umsonst lautet der Schlachtruf der erfolgreichen online Marketer:

„Das Geld liegt in der Liste!"

Je größer diese Liste ist, desto mehr Geld verdienst du.

Wenn du aber den gleichen Fehler machst wie viele Anfänger im Affiliate-Marketing, dass du die Interessenten zuerst auf die Verkaufsseite des Vendors schickst und dieser nichts kauft, dann ist der Interessent für immer weg.

Nur ein sehr geringer Teil der Interessenten kauft entgegen der Sieben-Kontakte-Regel sofort. Das heißt, zuerst informiert sich ein Kunde, wenn du dann in einer Email-Serie vertrauen aufbaust, dann findet irgendwann auch der Verkauf statt.

Kommen wir zum zweiten Grund, warum die meisten im Affiliate-Marketing scheitern:

Grund zwei – Nicht lernbereit sein

Affiliate bzw. Internet-Marketing ist ein Handwerk, welches genauso erlernt werden muss wie jeder andere Beruf auch. Für die meisten Berufe musst du 3-4 Jahre lernen, eine berufsbildende Schule besuchen oder sogar ein Studium machen.
Ich verstehe bis heute nicht, warum die Leute glauben, beim Affiliate-Marketing bräuchten sie das nicht. Schlimmer noch, sie denken, wenn sie einen 69 Euro Kurs gekauft haben, sind sie Affiliate-Marketing-Profis. Dabei wird dir in solchen Kursen meist nur erklärt, wie du den eben gekauften Kurs bewirbst und damit Geld verdienst.
Klar, der Vendor lacht sich dann ins Fäustchen, weil eine ganze Affiliate-Armee diesen Kurs bewirbt. Gratuliere! Du als Affiliate-Marketer hast dich gerade in einen „Kannibalen-Marketer" verwandelt.

Was „Kannibalen-Marketing" ist?

Vor einiger Zeit habe ich den Begriff „Kannibalen-Marketing" erfunden, und was das ist, möchte ich dir hier verraten.
Es gibt, wie oben schon erwähnt, Affiliate-Marketing Kurse für unter 100 Euro und in denen wird dir versprochen Affiliate-Marketing zu lernen. Dann werden dir im Verkaufsvideo Einnahmen von 65'000 Euro oder mehr gezeigt.

Leider ist das nur die halbe Wahrheit …

… klar die Einnahmen des Vendors stimmen natürlich, da ich selbst auch schon mehrere Jahre mit Digistore24 arbeite, kann ich feststellen, ob das Ganze ein Fake ist oder nicht. Daran ein wenig faul ist, dass der Vendor im Verkaufsvideo damit prahlt, wie viel Geld er mit Affiliate-Marketing in wenigen Monaten verdient hat.
Die Wahrheit ist aber da dann leider eine andere. Denn das große Geld hat er gemacht, weil tausende Affiliates sein Produkt bewerben.

Da ist ja nichts Schlechtes dran, das Problem ist nur dabei: Dass den meisten Anfängern vorgegaukelt wird, der Kerl hat das große Geld mit Affiliate-Marketing gemacht. In Wahrheit hat er es aber hauptsächlich mit seinem eigenen Produkt verdient, welches tausende von Partnern bewerben.

In seinem Kurs wird dir überdies nur erklärt, wie du seinen Kurs bewirbst und du damit Provisionen machst. Somit betreibt jeder neue Kunde automatisch „Kannibalen-Marketing". Was für den Vendor zwar gut ist, ist für dich als Affiliate aber schlecht. Denn jeder neue Kunde, den du vermittelst, wird indirekt zu deinem Konkurrenten. Dieser bewirbt nämlich das selbe Produkt, meist mit der der selben Methode.

Irgendwann fressen sich die Affiliates dann gegenseitig auf. Du brauchst ja nur mal in den vielen Facebook-Gruppen schauen. Das gleiche Produkt zum Online-Geld-verdienen wird rauf und runter beworben. Im Endeffekt betreibst du mit diesen Methoden Facebook-Spam, weil du ja nichts anderes machst, als in hunderten Gruppen die gleiche Werbung zu posten, in der Hoffnung, dass genügend Leute auf den Affiliate-Link klicken und das Produkt dann kaufen.

Sicher werden einige Topleute mit großer Reichweite und Sichtbarkeit natürlich Geld machen, aber der Großteil und vor allem die Anfänger werden kaum etwas damit verdienen, geschweige denn damit erfolgreich sein. Sie hören dann genervt auf, bevor sie richtig angefangen haben, und verkünden überall Affiliate-Marketing sei tot oder Digistore24 funktioniert nicht.

Also solltest du „Kannibalen-Marketing" ab heute beenden und von der Pike auf lernen, wie Affiliate-Marketing richtig gemacht wird. Mit meinem Buch und der richtigen Strategie baust du dir außerdem auch ein langfristiges Business auf.

Falls du schon einmal einen Affiliate-Marketing-Kurs gekauft hast, dann setze aber zuerst diesen um, bevor du einen neuen Kurs erwirbst. Kommst du damit nicht weiter, weil dein gekaufter Kurs zu oberflächlich ist, erst dann investiere in einen neuen Kurs. Welche Kurse ich dir zusätzlich als Ergänzung zu meinem Buch noch empfehlen kann, verrate ich dir im Laufe dieses Ratgebers.

Du hast kein Geld, um in Weiterbildung zu investieren?

Kann ich gut verstehen, weil du wahrscheinlich so wie ich früher kein Weiterbildungskonto hast.

Was ist ein Weiterbildungskonto?

Ein Weiterbildungskonto, auch Investitionskonto genannt, dient dazu Geld anzusparen, um dieses dann in die persönliche Weiterbildung zu investieren. Die Investition in sich selbst ist mit Abstand die wichtigste Investition, die du machen kannst. Nicht umsonst lautet ein bekanntes Zitat von Benjamin Franklin: **„Eine Investition in Wissen bringt immer noch die besten Zinsen."**
Ich empfehle dir daher von all deinen Einnahmen (deinem Gehalt) fünf besser aber zehn Prozent zu sparen und auf ein eigenes Girokonto einzuzahlen. Dadurch sparst du regelmäßig Geld an und kannst dieses dann in Sachbücher, Seminare, Videokurse oder einen Coach investieren.
Dass du das Geld nicht für andere Zwecke ausgibst, ist es wichtig ein separates „Weiterbildungskonto" zu eröffnen. Am besten eines mit einer eigenen Kreditkarte, so kannst du auch die Onlinekurse bezahlen. Dass dir keine weiteren Kosten entstehen, empfehle ich dir darüber hinaus, ein kostenloses Girokonto mit Prepaid-Kreditkarte zu eröffnen.

Spartipp:
Wie du ein kostenloses Girokonto samt gratis Kreditkarte erhältst, verrate ich dir im Bonusteil des Online-Portals.

Das Wichtigste: Der ROI (Return-on-Investment)

Jetzt kommt aber noch ein wichtiger Punkt, und zwar der ROI (Return-on-Investment). Es ist eine wichtige Kennzahl, welche die prozentuale Relation zwischen Investition und Gewinn angibt. Also wie lange es dauert, bis du dein investiertes Geld wieder zurück hast und ab wann du Gewinn machst.

Ich will dich hier auch nicht mit einer Formel bzw. einer Berechnung langweilen, sondern das coole „ROI Spiel" beibringen, welches ich von meinem Coach Ernst Crameri vor einigen Jahren gelernt habe. Es geht bei diesem „ROI-Spiel" darum, dass du jede Investition, die du tätigst innerhalb von vier Wochen wieder zu 100% zurück hast und dann dieses Geld langfristig am besten verhundertfachst. Das vorher investierte Geld zahlst du dann natürlich wieder auf dein Weiterbildungskonto zurück, dadurch wird das Guthaben auf deinem Konto immer größer und du kannst in Zukunft das Geld für ein Seminar oder ein Privatcoaching verwenden.

Klar wirst du es nicht immer schaffen in vier Wochen dein Geld wieder zurückzubekommen, manchmal kann es auch länger dauern. Auf gut „österreichisch" geht es einfach darum: **wenn du Geld für Weiterbildung ausgibst, dann solltest du dieses Wissen so schnell wie möglich zu Geld machen. Also das Gelernte umsetzen und in viele Euros verwandeln.**

Wir sind nämlich alle Wissensriesen aber Handlungszwerge, behauptete schon Goethe. Wir wissen alles, setzen aber nichts um. **Sei daher ab sofort ein Umsetzungsriese, spiele das "ROI-Spiel"** und eröffne noch heute ein kostenloses Weiterbildungskonto.

Wenn du also 500 Euro für einen Videokurs ausgegeben hast, dann setzte die gelernten Dinge so schnell wie möglich um und verdiene deine 500 Euro wieder. Diese zahlst du dann zurück auf dein Weiterbildungskonto. Danach verhundertfache deine Einnahmen. Also mache mindestens 50'000 Euro daraus.

Oft höre ich auch die Aussage: *„Ich habe derzeit überhaupt kein Geld für Weiterbildung!"* Dazu kann ich nur folgendes sagen: **„Alles nur Ausreden! Wer will findet Wege und wer nicht will findet Ausreden oder Gründe."**

Wie du 500 Euro in 30 Tagen machst

Hier der ultimative Tipp, mit dem du im Übrigen die Investition in dieses Buch in Null kommanix wieder heraus hast:

Verkaufe noch heute deinen alten Krempel!

Ja, du hast richtig gelesen, denn der schnellste Weg Geld zu machen ist es, seine alten Sachen zu verkaufen. Das schafft nicht nur Platz für Neues, es bringt auch relativ schnell Geld. Dieses Geld investierst du in deine Weiterbildung.

Ich persönlich verwende in Österreich die Plattform Willhaben. Dort kannst du gebrauchte Artikel aller Art kostenlos anbieten. In Deutschland hat sich dazu die Plattform „Ebay Kleinanzeigen" bewährt. Ich habe in den letzten Jahren über 300 gebrauchte Sachen erfolgreich auf Willhaben verkauft und daraus meine eigene Strategie entwickelt.

Wie du auf diese Weise mit meiner Strategie 500 Euro in 30 Tagen machen kannst und das meiste aus deinen alten Sachen rausholst, verrate ich dir in meinem Videokurs „Schnell Geld machen". Du kannst diesen als Leser meines Buches hier zum Sonderpreis erwerben:

www.roland-hamm.com/500-euro-machen-angebot

Möchtest du außerdem wissen, wie du jährlich bis zu 2'230 Euro sparen kannst, dann empfehle ich dir meinen kostenlosen Report „Clever 2'230 Euro sparen"

Hier geht's zum GRATIS-Report:
www.sparen-im-haushalt.eu/gratis-report

Ich denke, mit diesen zwei Möglichkeiten wirst du, auch wenn du gerade keine „Kohle" zur Verfügung hast, genügend Geld auf dein Weiterbildungskonto bringen. Vorausgesetzt, du handelst und setzt das Gelernte auch um. Dazu fällt mir gerade das passende Zitat von Jürgen Höller ein:

„Handeln kommt von Hand und nicht von Maul, sonst würde es ja „maulen" heißen.

Kommen wir also zum dritten Grund, warum die meisten im Online-Marketing scheitern:

Grund drei - Zu früh aufgeben - Kein Durchhalte- vermögen haben

Sicher kennst du den viel zitierten Spruch: *„Rom wurde auch nicht über Nacht gebaut"*

Genau so ist es auch im Online-Marketing, da wirst du nicht über Nacht reich und auch nicht in ein paar Tagen. Da musst du kontinuierlich dran bleiben, lernen und die Dinge umsetzen. Der erste verdiente Euro ist sicher der schwierigste, aber wenn es einmal läuft, dann musst du einfach nur weitermachen.

Was bedeutet Durchhaltevermögen?

Von Ernst Crameri habe ich vor Jahren zum Thema Durchhaltevermögen eine sehr schöne Erklärung erhalten. In Durchhalte-Vermögen stecken drei Wörter drin:

- durch
- halte
- Vermögen

Das bedeutet, du musst zuerst durchgehen, dich also für eine Sache entscheiden (z.B. Affiliate-Marketing). Danach musst du es aushalten, vor allem wenn es durch das Tal der Tränen geht. Wenn du tust und umsetzt, aber noch keine oder nur kleine Ergebnisse sichtbar sind. Wenn dein Umfeld dir erklären will, dass man mit solch einem Blödsinn kein Geld verdienen kann. Aber gerade dann musst du weitermachen und es aushalten, denn der Erfolgreiche beginnt da, wo der Erfolglose aufgibt. Wenn du dann trotzdem unbeirrbar deinen Weg weitergehst, gelangst du zu Vermögen.

Daher gib nicht gleich auf, nur weil du gerade am Anfang noch nichts verdienst. Gib dir zumindest ein Jahr Zeit und schaue dann auf deine Ergebnisse.

Wer nämlich aufgibt, der hat schon verloren oder wie es mein Vater immer so schön sagt:

„Aufgeben tust du einen Brief am Postamt aber kein Spiel und vor allem kein Business."

Fazit – Affiliate-Marketing lebt!

Wenn du beim Affiliate-Marketing gerade am Start bist oder nicht vom Fleck kommst, dann fehlt dir die richtige Strategie und Ausbildung. Was sich nämlich im Affiliate-Marketing ständig ändert, ist die Art, wie du es betreiben musst. Du benötigst dazu einen guten Kurs, musst anfangen und vor allem die Dinge auch umsetzen. Du brauchst dazu auch das nötige Durch-halte-Vermögen.

Wenn du lange genug durchhältst, die richtigen Dinge umsetzt, dann wirst du mit deinem Affiliate-Business auch gutes Geld verdienen.

9 Gründe, warum ich mit Affiliate-Marketing ange- fangen habe – und warum du es mir nachmachen solltest

Abschließend zu diesem Kapitel möchte ich dir noch 9 Grün-de nennen, warum ich mit Affiliate-Marketing angefangen habe und warum ich mir das Credo von meinem Kollegen und Coach Ralf Schmitz „Affiliate-Marketing ist das geilste Business der Welt" auf meine Fahnenstange geschrieben habe.

Grund eins: Du musst nichts verkaufen

In den meisten Köpfen von uns ist verkaufen sehr negativ behaftet. Viele denken, wenn sie einen Verkäufer vor sich haben, der will mir nur irgendetwas „andrehen". Doch ein guter Verkäufer macht eine schnelle Bedarfsanalyse und entscheidet dann, ob und welches Produkt für den Interessen-ten das Beste ist.

„Verkaufen" ist zwar bei den meisten Menschen sehr negativ besetzt. Fakt ist aber, wir verkaufen immer, die meisten wis-sen das aber gar nicht.

Das glaubst du nicht?

Hier zwei Beispiele: Du verkaufst deine Arbeitszeit an deinen Arbeitgeber. Je besser du das machst, desto höher ist dein Einkommen.

Bei einem Rendezvous verkaufst du deine Person, deinen Charme und deinen Charakter an dein Gegenüber. Je besser du das machst, desto wahrscheinlicher ist es, dass es zu einem weiteren Treffen oder sogar mehr kommt ...

Ich weiß, vor allem im Network-Marketing wird dir immer vorgegaukelt, du müsstest nichts verkaufen, sondern nur empfehlen. Danach hörst du immer die alte Geschichte vom Kinobetreiber.

Was du kennst diese noch nicht?

Na, dann hier ein schneller Exkurs.
Du gehst ins Kino und schaust einen coolen Film. Nach dem Film bist du so begeistert, dass du deinen Freunden davon erzählst und sie mit deiner Begeisterung ansteckst. Und weil auch sie jetzt davon so begeistert sind, gehen sie auch ins Kino und schauen sich den Film an. Noch dazu kaufen sie auch Popcorn und Cola.

Das Problem dabei?

Für diese Empfehlung hast du keinen einzigen Cent verdient. Der Kinobetreiber hingegen lacht sich ins Fäustchen, weil er für deine kostenlose Werbung wieder toll Umsatz gemacht hat. Du bleibst auf der Strecke und bekommst für deine Empfehlung kein Geld…
Du kannst sagen, was du willst, Network-Marketing ist für den ein oder anderen eine interessante Möglichkeit, um sich ein zweites Standbein aufzubauen. Doch, ohne richtig verkaufen zu lernen, wirst du keine großen Erfolge damit feiern. Die Produkte im Network-Marketing sind zwar gut, haben aber auch Ihren Preis und verkaufen sich aus diesem Grund nicht von alleine. Daher musst du eben auch verkaufen lernen.
Ganz anders im Affiliate-Marketing, das für mich auch Empfehlungsmarketing bedeutet.
Im Wort Empfehlungsmarketing stecken ja zwei Worte drin. Empfehlen und Marketing. Das heißt, du empfiehlst ein Produkt, von dem du überzeugt bist und mit deinem Marketing bringst du interessierte Menschen dazu, sich diese Empfehlung anzuschauen. Den Verkauf übernimmt dann die Webseite, wo du deinen Interessenten über dein Marketing hingeschickt hast. Wird das Produkt dann verkauft, erhältst du dafür eine Provision.

Grund zwei: Du kannst ohne eigenes Produkt Geld verdienen

Cool am Affiliate-Marketing ist, dass du kein eigenes Produkt erstellen oder erfinden musst, denn es gibt Millionen von guten Produkten, Ratgebern, Kursen, die du im Affiliate-Marketing empfehlen kannst. Egal ob Waschmaschinen, ein Konzertticket, ein Buch, ein Ebook über Hundeerziehung oder einen Onlinekurs zum Gitarrespielenlernen. Es gibt für fast jede Nische tolle Produkte, die du empfehlen kannst.

Grund drei: Es ist eine, der einfachsten Varianten zum Geld verdienen im Internet

Affiliate-Marketing eignet sich perfekt als Start für eine erfolgreiche Onlinekarriere. Du kannst hier deine ersten Erfahrungen im Internet-Marketing sammeln und gleichzeitig durch „Learning by Doing" das erste Geld verdienen. Viele erfolgreiche Internet Unternehmer haben mit diesem Geschäftsmodell gestartet. Hast du genug Erfahrung in deiner Nische gemacht, kannst du dein eigenes digitales Produkt erstellen.

Grund vier: Du kannst dein Hobby zum Beruf machen

Wer träumt nicht davon, sein Hobby zum Beruf zu machen. Und obwohl es zwar drei große Nischenmärkte gibt, in denen im Affiliate-Marketing das meiste Geld verdient wird, sind trotzdem einige Hobbynischen dabei, mit denen du gutes Geld verdienen kannst. Ob dein Hobby auch dazu gehört, kannst du natürlich vorab testen. Wie du das machst, werde ich dir im Buch noch erklären.

Grund fünf: Du kannst nebenberuflich starten

Das tolle an einem Onlinebusiness ist, dass du nebenberuflich starten kannst. Du teilst dir deine Zeit selbst ein und bist nicht, wie bei einem Network-Marketing oder anderen Geschäftsmodellen, an Termine gebunden.

Grund sechs: Zeit- und ortsunabhängig

Da du nicht terminabhängig bist, kannst du arbeiten, wann du gerade Zeit und Lust dazu hast. Überdies bist du nicht an ein Büro oder einen Ort gebunden, denn du benötigst nur ein Notebook und einen Internetzugang und kannst arbeiten wo und wann du willst. Das Notebook muss dabei nicht mal das Neuste sein und mit den meisten Smartphones lässt sich heutzutage eine Internetverbindung fürs Notebook herstellen. Somit kannst du auch am Strand dein Business betreiben.

Grund sieben: Kein Kundensupport

Reklamationen, Kundenanfragen und Garantieansprüche sind meist sehr zeitaufwendig und vor allem können sie einem den letzten Nerv kosten. Damit musst du dich im Affiliate-Marketing zum Glück nicht rumschlagen. Da du ja nur Produkte von anderen empfiehlst, muss der Produktverkäufer sich darum kümmern.

Grund acht: Geringes Startkapital und geringes Risiko

Für einen eigenen Laden musst du ein Startkapital von 50'000 Euro oder mehr haben. Hinzu kommen noch Ladenmiete und vor allem musst du die Waren, die du anbietest, vorher noch bezahlen. Alles steht und fällt natürlich auch mit dem Standort des Ladens und mit der Nachfrage der Produkte und, und, und. Also gehst du ein relativ hohes Risiko ein und musst für den Start schon etwas Geld auf der Kante haben.
Ganz anders ist das bei einem Affiliate-Marketing-Business. Das Startkapital liegt hier bei 250 bis 1'250 Euro. Das teuerste aber auch das wichtigste darin ist aber die Affiliate-Marketing-Ausbildung. Du bekommst zwar schon Kurse für unter 100 Euro, ich empfehle hier aber klar etwas mehr Geld dafür auszugeben.

Warum?

So wie bei jedem Beruf brauchst du auch beim Affiliate-Marketing eine solide Ausbildung. Bei den Kursen unter 100 Euro lernst du oft nur die Basics oder eine einzige Strategie. Um aber in eine höhere Einkommensliga aufzusteigen, wo du dann auch hauptberuflich davon leben kannst, brauchst es schon eine gute Ausbildung über mehrere Monate. Welche Ausbildung zum Super-Affiliate ich dir empfehlen kann, zeige ich dir noch.

Da du kein eigenes Büro und vor allem auch keinen eigenen Laden mit Produkten benötigst, hast du auch kaum laufende Kosten. Die einzigen Kosten, die im Monat anfallen, sind dein Internetzugang (hast du wahrscheinlich sowieso), deine Stromkosten, der Webspace und die Domain (ca. 100 Euro pro Jahr), sowie ein Email-Marketing-Programm (kostet ab 27 Euro pro Monat).

Im Laufe dieses Buches, gehe ich aber nochmals genauer auf die Kosten für ein Internetbusiness ein.

Wenn du ein Produkt empfiehlst, welches sich nicht verkauft, dann schmeiß es einfach aus deinem Portfolio raus und bewirb ein anderes Produkt. Somit hält sich das finanzielle Risiko auch gering.

Grund neun: 90 Prozent, was du dazu benötigst, hast du schon

Richtig gelesen, das Meiste, was du für ein Affiliate-Marketing-Business brauchst, besitzt du schon. Einen Computer oder ein Notebook mit Internetanschluss, ein Smartphone und den Willen zu lernen. Dann hast du schon mal deine Grundausstattung.

Was du noch brauchst, ist eine Webseite, ein Email-Marketing-Programm und einen Affiliate-Marketing-Onlinekurs, bei dem du von der Pike auf alles lernst, was du für ein erfolgreiches Onlinebusiness benötigst.

Leider hapert es hier bei den Meisten. Denn eine gute Online-Ausbildung ist das A&O für deinen Erfolg. Kurse zum Geldverdienen im Internet, gibt es da draußen fast so häufig wie Sand in der Wüste. Meist bist du nur einen Klick vom nächsten „Millionär über Nacht Angebot" entfernt. Was diese Programme alles gemeinsam haben?

Sie machen nur einen reich, nämlich den, der diese Programme verkauft. Der Inhalt ist meist Schrott oder du musst immer mehr Produkte kaufen, um so halbwegs alle Informationen zu erhalten.

Ich habe seit 2008 richtig viel Geld in Seminare, Ebooks und Videokurse gesteckt. Vieles davon war nicht mal das Papier wert, auf das es gedruckt war.

Einige meiner Freunde haben mich schon öfter gefragt: *„Hey Roland, ich möchte auch ein Internetbusiness starten, was empfiehlst du mir bzw. welchen Kurs soll ich kaufen? Es gibt da draußen ja eine richtig große Auswahl".*

Ja klar, das stimmt. Bei der Auswahl an neuen Kursen, die wie Pilze aus dem Boden schießen, kannst du als Onlinebusiness-Einsteiger kaum erkennen, welcher Videokurs für dich der Richtige ist. Deshalb stelle ich dir im Online-Portal (www.roland-hamm.com/bonus) auch aktuelle Videokurse vor, die ich dir als Ergänzung zu meinem Buch empfehlen kann. Ich lasse dich dabei hinter die Kulissen des Kurses blicken und zeige dir genau, was du im Kurs lernst, was positiv ist und was nicht so gut ist. Somit kaufst du nicht "die Katze im Sack" und erhältst immer die neuesten Informationen.

Was du vom Segeln für dein Business lernen kannst

Da ich selbst gerne segle und deshalb vor einigen Jahren den Segelschein gemacht habe, ist mir nach einem Segeltörn folgende Metapher eingefallen.

Deine Webseite ist dein Segelboot. Es gehört nur dir und du als Skipper hast die Freiheit zu entscheiden, wo die Reise hingeht. Du kannst das Wetter und den Wind nicht ändern, du kannst aber entscheiden, wie du die Segel setzt. Es liegt also nur an dir und an deinen Fähigkeiten, ob du dein Ziel erreichst oder ob du kenterst.

Je nachdem wie gut deine Segelausbildung und deine Erfahrung sind, desto sicherer bist du unterwegs und desto schneller erreichst du dein Ziel. Eine Segelausbildung kannst du nicht einfach so theoretisch machen, sondern musst auch zusätzlich eine praktische Ausbildung machen. Also segeln und danach eine erfolgreiche Prüfung ablegen.

Erst dann darfst du auf das weite Meer hinaus. Wenn ein Skipper in einem neuen Revier segelt, dann erkundigt er sich über die Wetterbedingungen und die Gefahren in diesem Revier. Wo erkundigt er sich? Meist bei Einheimischen und bei Seglern, die das Segelrevier so gut kennen wie ihre Westentasche. Nur ein Narr würde einfach so drauflossegeln.

Übrigens, wenn du dein Segelboot nur im Hafen liegen lässt, dann wirst du niemals den Spaß und die Freiheit des Segelns erleben können. Ein Schiff im Hafen ist zwar sicher, aber dafür ist es nicht gebaut. Ein besserer Segler wirst du daher nur, wenn du auch viel segelst und dir Tipps von erfahrenen Skippern holst. Ein Skipper hat die Verantwortung nicht nur für das Schiff, sondern vor allem auch für die Crew und die Gäste auf dem Schiff. Er kann des Weiteren nicht einfach so das Schiff verlassen, nur, weil die See etwas rauer geworden ist oder ein Sturm aufzieht. Wenn der Skipper jetzt über Board gehen würde, dann würde er wahrscheinlich umkommen. Der Skipper gibt darum nicht auf und muss diese Herausforderungen meistern können, um wieder sicher im Zielhafen ankommen.

Genau so ist auch ein Onlinebusiness. Du bist der Skipper, der CEO. Das Schiff ist deine Webseite. Die Segel sind dein Business-modell. Den Wind und die Wellen kannst du nicht beeinflussen. Du steuerst dein Business und entscheidest wie und wann du die Segel setzt. Es wird eine raue See geben oder sogar Sturm. Das ist dann beispielsweise eine

Wirtschaftskrise, wie wir sie gerade erleben, während ich diese Zeilen schreibe. Jetzt genau kommt es darauf an welche „Extras" dein Boot hat. Ein Segelboot kann nämlich nur bei Wind fahren. Hast du keinen Außenborder montiert oder sind die Batterien deines zusätzlichen Elektroantriebs nicht geladen, kannst du entweder Rudern, falls du Paddel hast, oder musst dich hilflos treiben lassen.

Die „Extras" sind quasi die Zusatzfeatures, damit dein Boot auch bei Flaute sicher weiterfahren kann. Bei deinem Onlinebusiness sind die „Extras" beispielsweise eine Traffic Methode oder eine zusätzliche Einnahmequelle. Zusammen mit deiner Website überlebst du so jeden Sturm und jede Flaute. Aber dazu musst du mit deinem Boot auch den Hafen verlassen, also den ersten Schritt machen und handeln.

Was natürlich auch noch wichtig ist, ist ein guter Handlungsplan. Denn ein Business ohne Plan ist wie ein Schiff ohne Ruder. Du hast morgens nach dem Aufstehen die tollsten Absichten, wirst aber im Laufe des Tages vom Meer der vielen Ablenkungen nur dahintreiben.

Ich hoffe du hast mit meiner Metapher verstanden, worauf ich hinaus will. Es liegt einzig und allein an dir und deinen Entscheidungen, ob du erfolgreich wirst oder nicht.

Geld verdienen mit Nischenseiten

Ein Geschäftsmodell möchte ich im Bereich Affiliate-Marketing noch erwähnen und zwar sind das Nischenseiten. Eine Nischenseite behandelt in der Regel nur eine kleine thematische Nische wie z. B. Rasenmähroboter oder Schlauchboote. Diese Webseiten bestehen oft nur aus vier bis fünf Unterseiten und sind meist mit dem Amazon-Partnerprogramm gekoppelt. Einmal aufgebaut, musst du dich auch hier wieder einzig und allein um den Traffic kümmern.

So eine Webseite wirft dann je nach Produkt drei- bis vierstellige Summen im Monat ab. Dadurch brauchst du auch mehrere solcher Webseiten, um damit gute passive Einkommen zu erzielen. Ich persönlich finde diese Strategie aber nicht mehr so optimal. Vor allem weil Amazon an der Provisionsschraube seines Partnerprogramms geschraubt hat. Außerdem bist du je nach Nische sehr stark von Amazon abhängig. Solltest du aus dem Partnerprogramm von Amazon fliegen, was natürlich vorkommen kann, dann wäre auch dein Business von heute auf morgen gestorben.

Kommen wir zu einem weiteren interessanten Geschäftsmodell, welches ich aber erst im zweiten Schritt empfehle:

Digitale Infoprodukte

Wenn du genügend Erfahrungen in deiner Nische mit Affiliate-Marketing gemacht hast, kommt der nächste Schritt, dein eigenes digitales Infoprodukt.

Was ist ein digitales Infoprodukt?

Ein digitales Infoprodukt kann ein Ebook, ein Hörbuch, ein Videokurs oder ein Abo-Kurs sein. Also Produkte, welche der Kunde später auf einem Computer, Tablet oder Smartphone anschauen und konsumieren kann. Der größte Vorteil besteht darin, dass diese Produkte nur einmal erstellt werden müssen und sich dann x-beliebig oft verkaufen lassen können, ohne weitere Kosten.

Warum sind bei Menschen digitale Infoprodukte so beliebt?

Wer ein Problem, welcher Art auch immer hat, der sucht zuerst im Internet nach einer passenden Lösung. Bietest du in einer Nische mit hohem Leidensdruck, die passende Lösung an, ist die Wahrscheinlichkeit sehr groß, dass sich Menschen für dein Produkt interessieren und dieses dann auch kaufen. Vor allem, weil die Kunden nach dem Kauf sofort auf das Produkt zugreifen können und nicht wie bei einer Bestellung eines gedruckten Buches auf das Paket warten müssen.

Mein erstes Produkt, welches ich erstellt hatte, war ein Ebook. Mittlerweile habe ich neben mehreren Ebooks auch Videokurse in verschiedenen Nischen. Ein Abo-Produkt setzte ich gerade um. Darüber hinaus habe ich auch ein VIP-Coaching-Programm. Wenn du dein eigenes digitales Infoprodukt erstellen möchtest und ich dir dabei helfen soll, dann erfährst du am Ende des Buches mehr über mein VIP-Coaching-Programm.

Die Frage welche sich jetzt bei dir wahrscheinlich stellt: Welches digitale Produkt soll ich erstellen?
Das kommt natürlich ganz auf deine Nische drauf an. Ich persönlich würde ein Abo-Produkt erstellen, denn damit verdienst du Geld wie ein Ölscheich. Zumindest finde ich den Vergleich ganz gut und möchte dir auch hier meine Metapher erzählen:

Geld im Internet verdienen wie ein Ölscheich

Hättest du auch gerne eine Art Ölquelle, die Monat für Monat Geld in deine Taschen sprudeln lässt? Einmal an der richtigen Stelle gebohrt und die Quelle angezapft, schon beginnt das Öl (Geld) zu fließen und füllt dir deine leere Brieftasche sowie deine Geldsäcke.
Klar wäre das eine tolle Sache! Wirst du dir jetzt vielleicht auch denken …
Nur gibt es dabei ein paar Probleme. Zum einen hast du vielleicht kein Feld, unter dem eine Ölquelle liegt und zum anderen hast du wahrscheinlich gar nicht das nötige „Kleingeld", um einen Bohrtrupp nach Öl suchen zu lassen.

Was mit dem richtigen System online Geld verdienen und eine Ölquelle gemeinsam haben?

Eine Ölquelle liefert permanent Öl und somit auch Monat für Monat Geld. Natürlich kommt es auch vor, dass die Quelle irgendwann mal erschöpft ist. Doch bis es soweit ist, kann das mehrere Jahre oder Jahrzehnte dauern. In der Zwischenzeit hat die Ölquelle Tag für Tag und Monat für Monat gute wiederkehrende Einnahmen erwirtschaftet.

Wer hätte daher nicht auch gerne eine sprudelnde „Ölquelle", die jeden Monat passives Einkommen liefert?

Das die vielen „reich werden über Nacht"-Angebote, die an jeder Internetecke angeboten werden und dir ein großes passives Einkommen versprechen, meist Schrott oder Scam sind, habe ich in diesem Buch ja schon mehrmals erwähnt.

Die einen behaupten nämlich, sie haben das ultimative Geschäft für dich, die anderen sprechen von einer Jahrhundertchance, die du nicht verpassen darfst. Leider stellt sich, nach meiner Erfahrung, bei den meisten schlüsselfertigen System, Konzepten und Möglichkeiten zum Geldverdienen dann schon nach einigen Monaten heraus, es waren alles nur Rohrkrepierer. Auch ich musste das leider mehrmals schmerzlich feststellen und habe dabei aber eine sehr, sehr wichtige Lektion gelernt.

Du darfst dich nicht auf die Ölquellen von anderen verlassen, sondern du musst dein eigenes Ölfeld finden, deinen eigenen Bohrturm auf diese Ölquelle stellen und das Öl dann selbst anzapfen und fördern.

Wie das gehen soll?

Indem du dir ein eigenes Onlinebusiness mit deinem eigenen Abonnentenkurs aufbaust.

Und hier möchte ich dir gleich von Anfang an einen der wichtigsten Tipps geben:

Niemand baut ein Internetbusiness über Nacht auf. Es braucht seine Zeit und es ist auch mit Arbeit verbunden ...

... ja, du hast richtig gelesen und ich möchte einfach ehrlich zu dir sein. Nicht so wie die vielen „Internet-Gurus", die dir versprechen, dass du in ein paar Tagen dein Business am Start hast.

Ein nachhaltiges Onlinebusiness aufzubauen, braucht seine Zeit, ist mit Arbeit verbunden und auch mit Investitionen. Man braucht zum Start eines Onlinebusinesses Geld und hat dann auch laufende Kosten. Aber keine Angst, das sind keine tausende von Euros. In diesem Buch werde ich diese Kosten noch genau auflisten.

Aber kommen wir zurück zum Ölfeld.

Damit du Geld mit dem Öl verdienst, bist du einige Wochen und Monate beschäftigt eine Infrastruktur zu schaffen, um überhaupt jemals nach Öl bohren zu können. Ohne Bohrung und Förderung aus der Tiefe nützt dir das beste Ölfeld nichts, denn du hast nur durch den Besitz eines Ölfeldes noch keinen einzigen Cent verdient.

Genauso ist es auch, wenn du online Geld verdienen möchtest. Das beste Wissen nützt dir nichts, wenn du es nicht anwendest und umsetzt …

… denn wie ich schon erwähnt habe, sind die meisten Menschen zwar Wissensriesen aber Umsetzungszwerge. Nur mein Buch zu lesen und dann nichts umzusetzen, ist auf gut „österreichisch" wertlos. Also eine ungenutzte Ölquelle.

Kommen wir aber zurück zum Ölfeld und wie du dir jetzt ein digitales Abobusiness aufbauen kannst.

Du brauchst zuerst ein Ölfeld. Das ist dann in der Onlinebusiness-Welt deine Nische. Am besten eine, in der du dich gut auskennst und Spaß hast. Es ist auch nicht unbedingt notwendig, Experte in dieser Nische zu sein, du kannst dir jederzeit Wissen aneignen oder einen Experten an Bord holen. Doch das Wichtigste ist, dass dir die Nische, in der du dich bewegst, auch Spaß macht (und dort sollte natürlich auch Geld verdient werden, also ein Markt dafür sein).

Hast du also dein Ölfeld (deine Nische) gefunden, muss der Bohrturm aufgesetzt werden, dass nach dem schwarzen Gold gebohrt werden kann. Danach kann erst Öl gefördert und verkauft werden. Jetzt beginnt deine Öl-Einkommensquelle zu fließen und hört am besten niemals auf zu sprudeln …

Beim Geldverdienen im Internet, ist das ähnlich. Du musst den Bohrturm auf dein Ölfeld aufsetzen, was so viel bedeutet wie, dass du ein Geschäftsmodell auf deine Nische setzen musst. Danach musst du die Ölpumpe anwerfen und schon fließt das Geld. Hier gibt es verschiedene Geschäftsmodelle und Wege, wobei nur eine davon zu wiederkehrenden regelmäßigen Einnahmen führt.

Das beste Geschäftsmodell mit wiederkehrenden Einnahmen ist ein Abo-System.

Das glaubst du mir nicht?

Dann schaue dir die ganzen Big Player wie Apple, Microsoft, Amazon oder Dienste wie Sky, Netflix und Spotify an. Alle bieten Abo-Produkte an, Apple Musik, Microsoft 360, Amazon Prime, Sky Bundesliga usw.
Übrigens sind auch die Mobilfunkbetreiber vor einigen Jahren auf Abo-Modelle umgestiegen und ich denke spätestens jetzt sollte dir klar sein: Ein Abo-System ist die **„Geld verdienen Königsklasse"** und damit lässt sich passives Einkommen aufbauen.
Klar kannst du neben Affiliate-Marketing auch mit dem Verkauf von eigenen digitalen Produkten wie Ebooks, Videokursen, Hörbüchern usw. passives Einkommen verdienen. Ein einmal erstellter Blogartikel, der in den Suchmaschinen gut gelistet wird, bringt regelmäßige Einnahmen.
Du kannst also mit Affiliate-Marketing und digitalen Produkten sogar sehr gutes Geld verdienen, doch einen kleinen Nachteil haben diese Geschäftsmodelle.
Du musst immer wieder neue Produkte an neue oder bestehende Kunden verkaufen, um gleichbleibendes Einkommen zu erzielen.
Nicht so bei einem Abo-Modell, hier bekommst du wiederkehrende Einnahmen, jeden Monat. Hast du z.B. ein Abo-Produkt, welches du für nur 27 Euro im Monat verkaufst, dann bleiben dir nach den Abzügen vom Zahlungsanbieter und Mehrwertsteuer noch ca. 19,56 Euro übrig. Wenn du es jetzt schaffst, nur 500 Kunden zu generieren, die jeden Monat in deinem Abo sind, dann machst du jeden Monat 9'780,- Euro Einnahmen.

Lasse dir das nochmals auf der Zunge zergehen, mit nur 500 Kunden die dein Abo-Produkt à 27 Euro kaufen, verdienst du nach allen Abzügen jeden Monat 9'780 Euro. Wie geil ist das den?

Aber selbst wenn du nur zehn Euro reine Einnahmen hast, sind das bei 500 Kunden noch immer 5'000 Euro im Monat. Und keiner sagt, dass du nur 500 Kunden haben darfst.

Hier möchte ich natürlich noch erwähnen, dass du deine Einnahmen noch versteuern musst. Natürlich nur den Gewinn, aber dafür empfehle ich dir sowieso einen Steuerberater.

Wo es Vorteile gibt, gibt es natürlich auch Nachteile. Ein Abo-Produkt verkauft sich nicht so leicht wie ein Produkt, für das man nur einmal zahlt. Dann ist es laut Statistik so, dass sich ein Drittel der Abonnenten nach einem Monat wieder verabschiedet, ein Drittel davon bleibt circa sechs Monate im Abo und ein Drittel bleibt ewig.

Deine Aufgabe ist daher neben hochwertigen Inhalten in deinem Abo Kurs auch immer wieder neue Kunden zu gewinnen.

Wie du so ein Abo-System umsetzt, würde den Rahmen dieses Buches sprengen. Wenn du daher wissen möchtest, wie das geht, dann empfehle ich dir, diesen Blogartikel von mir zu lesen:
www.roland-hamm.com/abo-mastersystem-review

Das wichtigste zum Fehler, falsches Geschäftsmodell, auf den Punkt gebracht

Es gibt natürlich noch andere „Online Geld verdienen"-Geschäftsmodelle, auf die ich hier aber nicht weiter eingehen möchte. Ich persönlich empfehle am Anfang klar, mit Affiliate-Marketing zu starten. Die ersten Erfahrungen damit sammeln und vor allem, die ersten Provisionen zu generieren. Und erst im nächsten Schritt, das eigene digitale Produkt mitzuentwickeln. Ein Abo-Produkt ist nicht in jeder Nische möglich. Je nach Nische würde ich dann als Ziel das eigene digitale Produkt anvisieren und umsetzen.

Möchtest du sofort mit dem eigenen Produkt starten, dann kannst du dich gerne für ein kostenloses Strategiegespräch bewerben. Mehr Informationen dazu findest du, wie schon erwähnt am Ende des Buches.

Kommen wir zum vierten Fehler ...

Fehler Nummer 4:
Hoffnungsmarketing betreiben

Einer der größten Fehler, den ich selbst gemacht habe und welchen eigentlich die meisten angehenden Internet Unternehmer machen, ist Hoffnungsmarketing zu betreiben.

Was ist Hoffnungsmarketing?

Einen Kurs nach dem anderen zu kaufen und zu glauben, dass dieser dir jetzt den Durchbruch bringt. Du hoffst, mit dem nächsten Produkt endlich mehr Geld zu verdienen, aber im Endeffekt hast du nur wieder Geld ausgegeben und fängst von vorne an.

Im Internet bist du nämlich nur einen Klick vom nächsten Wunderprodukt oder Kurs entfernt. Daher ist es wichtig dieser Versuchung zu widerstehen und erst einen neuen Kurs oder „Wunderprodukt" zu kaufen, wenn du den bestehend Kurs komplett umgesetzt hast.

Solltest du daher in den letzten Monaten einen Onlinekurs gekauft haben, dann setze dich nochmals hin und arbeite diesen Kurs von vorne bis hinten durch und vor allem setze das darin Gelernte auch um. Wenn du nach dem Umsetzen nicht weiter kommst, erst dann kaufe etwas Neues.

Meine Erfahrung hat außerdem gezeigt, dass es besser ist, einmal etwas mehr Geld zu investieren in einen Kurs oder ein Coaching, als einen sehr günstigen Kurs zu kaufen. Billige Kurse sind meistens zu oberflächlich und einige „Online-Gurus", verkaufen diese als Einstiegsprodukt. Erst mit den Upsells, also dem Zusatzverkauf von weiteren höherpreisigen Produkten wird der Kurs vollständig und brauchbar. Zusammengerechnet zahlst du dann sogar mehr, als wenn du gleich einen teuren Kurs oder ein Coaching gekauft hättest.

Das wichtigste zum Fehler, Hoffnungsmarketing betreiben, auf den Punkt gebracht

Behalte den Fokus auf nur eine Sache (eine Einkommensmöglichkeit) und ziehe das Ding bis zum Ende durch, erst dann starte etwas Neues oder nimm ein neues Projekt dazu. Auch im Online-Marketing gibt es keinen Lift zum Erfolg, du musst die Treppen Schritt für Schritt nach oben steigen. Hast du schon einen Kurs und diesen noch nicht umgesetzt, dann bringe diesen zu Ende. Danach kannst du was Neues starten.

Werde ein Umsetzer und Macher, setze die Aufgaben um, die zu tun sind und höre endlich auf nur davon zu quatschen. Quatscher, die theoretisch alles wissen, aber im Endeffekt nichts zu Ende bringen oder noch schlimmer nie starten, gibt es auf dieser Welt mehr als genug.

Fehler Nummer 5: Die falsche Nische wählen

Egal was du machst, das Wichtigste ist Spaß dabei zu haben. Wahrscheinlich wirst du beim Start deiner Onlinekarriere keinen Spaß mit der Technik haben, aber zum einen kann man das Lernen und zum anderen kann man diese Dinge früher oder später outsourcen und von jemand anderem erledigen lassen.

Daher sollte die Nische, in der du startest dir auch Spaß machen, immerhin startest du ein Onlineprojekt, welches du am besten mehrere Jahre oder vielleicht sogar ein Leben lang betreibst. Wie fatal wäre es da, etwas zu wählen, was vielleicht Geld bringt, dir aber keinen Spaß macht und du dich aber jeden Tag aufs neue motivieren musst, um etwas dafür zu tun. Ich hatte mal die Dating-Nische bearbeitet, weil sie sehr lukrativ ist. Leider hatte ich aber überhaupt keinen Spaß dabei, ganz zu schweigen Ahnung davon. Darüber hinaus war ich zu diesem Zeitpunkt schon mehrere Jahre glücklich verheiratet. Ich habe zwar einiges an Energie reingesteckt in dieses Projekt, es ist aber halt auch nicht viel dabei rausgekommen, weil mir einfach die Leidenschaft für dieses Projekt gefehlt hat. Somit habe ich dann genervt und mit viel Frust wieder aufgehört.

Neben dem Spaß solltest du auch Ahnung von der Nische haben oder zumindest so viel Interesse, dass du bereit bist alles darüber zu lernen. Ich sehe immer wieder, dass Leute in ein Network-Marketing-Unternehmen einsteigen, um Geld zu verdienen, sich aber im Endeffekt nicht mit der Nische und den Produkten identifizieren können. Wenn ich nicht zu 100 % hinter dem Produkt stehe, werde ich es auch nicht gut verkaufen können. Auch werde ich niemals guten Content (Blogartikel, Videos, Reporte usw.) für mein Projekt liefern können.

Stell dir vor, eine 20 kg übergewichtige Frau möchte dir ein Produkt zum Abnehmen verkaufen. Wie glaubwürdig wäre das? Wahrscheinlich würdest du dir denken, die soll man selbst abnehmen. Oder du kommst zum „Mercedes"-Autohändler und der Boss kommt selbst mit seinem Audi oder BMW daher.

Ich denke du weißt, worauf ich hinaus will. Du musst dich mit der Nische zu 100 % identifizieren können und dahinterstehen.

Viele Anfänger machen auch den Fehler und starten mit der „Geld verdienen im Internet"-Nische. Da hier die Konkurrenz sehr stark ist und weil du vor allem noch keine Ahnung von dieser Materie hast, würde ich dir davon dringend abraten. Außer du willst wie in diesem Buch schon erwähnt „Kannibalen-Marketing" betreiben und frustriert scheitern.

Natürlich muss deine Nische auch lukrativ sein, also du musst damit auch Geld verdienen können. Am besten ist eine Nische mit viel Leidensdruck, wofür du Lösungen anbieten kannst. Welche lukrativen Nischen es gibt und wie du deine Nische findest, erfährst du noch im Laufe dieses Buches.

Das wichtigste zum Fehler, falsche Nische wählen, auf den Punkt gebracht

Wähle eine Nische, die dir Spaß macht und vor allem eine, in der du dich auskennst oder die dich zumindest brennend interessiert. Betreibe kein „Kannibalen-Marketing" und starte am Anfang nicht in der „Geld verdienen im Internet"-Nische.

Fehler Nummer 6:
Keine eigene Email Liste aufbauen

Eine wichtige Grundregel habe ich in diesem Buch schon verraten und diese lautet:

LEAD vor SALE = Email-Adresse vor dem ersten Verkauf

Also bevor du etwas verkaufst, brauchst du die Kontaktdaten deines Interessenten, in diesem Fall die Email-Adresse. Dadurch kannst du deinen Interessenten und natürlich auch Kunden, nicht nur weitere Produkte und Dienstleistungen anbieten, sondern auch immer wieder Mehrwert liefern und dich als Experte positionieren. Also Tipps und Tricks zu deinem Thema weitergeben.

Gerade Anfänger im Affiliate-Marketing machen den Fehler und schicken die Leute auf eine Verkaufsseite des Produkt Herstellers oder einen Online-Shop , statt vorher mal die Email-Adressen einzusammeln. Im Network-Marketing ist das meist auch so. Die Interessenten werden auf die Webseite des MLM Unternehmens geschickt, anstatt diese Adressen vorher selbst einzusammeln.

Wieso sind Facebook, Amazon und Co so wertvoll?

Nicht nur weil sie so eine coole Plattform programmiert haben oder einen tollen Online-Shop besitzen, sondern weil sie Millionen von Email-Adressen sowie Kunden- und Kontaktdaten besitzen. Auch wenn bei Facebook viele mit Fake-Namen unterwegs sind, so stimmt zumindest die Email-Adresse. Ohne richtige Email-Adresse kannst du dich A nicht registrieren und B dein Passwort nicht mehr ändern.

Egal welches Business du machst, online oder auch offline du brauchst zumindest die Email-Adresse deiner Interessenten und Kunden, um deine Einnahmen zu erhöhen.

Stelle dir mal vor, du besitzt ein Restaurant und hast die Email-Adressen von 10'000 Kunden in deiner Nähe. Was würde passieren, wenn du heute eine Email verschicken würdest, dass am Wochenende ein Grillabend stattfindet? Jeder Gast, der sich gleich per Email anmeldet und reserviert erhält darüber hinaus ein Überraschungsgeschenk. (Das kann ein Aperitif oder ein Glas Wein sein.) Schlauerweise kalkulierst du dann z.B. nur die Selbstkosten in den Pauschalpreis vom Grillabend mit ein. Ich wette mit dir, die Hütte wäre zum Wochenende rappelvoll.

Vorausgesetzt natürlich, dass dein Restaurant eine gute Küche hat und der Service passt. Aber ich denke, eine gute Qualität ist sowieso Grundvoraussetzung für ein gutes Business.

Auch im Online-Bereich ist die Qualität des Produkts das A&O. Verkaufst du nämlich ein schlechtes Produkt, dann werden es viele zurückgeben und der Großteil wird auch nichts mehr bei dir kaufen. Viel schlimmer noch, ein „Shit Storm" ist gleich mal losgetreten und dein Ruf ruiniert.

Sind das Essen und der Service in deinem Restaurant scheiße, dann wird auch keiner kommen, selbst wenn du 100'000 Emails verschickst. Naja, vielleicht ein paar Ahnungslose, die noch nie von deinem Restaurant gehört haben.

Übrigens fragst du dich vielleicht, wie ein Restaurantbesitzer an Email-Adressen kommen soll? Ganz einfach, beim Bezahlen sagt der Kellner: *„Möchten Sie für den nächsten Besuch einen 10 % Gutschein erhalten? Ja, dann geben sie mir bitte ihre Email-Adresse, ich sende ihnen den Gutschein per Email zu."*

Diese Methode eignet sich natürlich auch für andere Branchen wie zum Beispiel: Friseur, Hotellerie, Weinbauer, wenn du einen Laden hast, als Networker, Finanzdienstleistung usw.

Mit dem schon erwähnten Email-Marketing-Tool 4Leads kannst du relativ simple das ganze umsetzen, weil du die Email Adressen einfach übers Smartphone eingeben kannst.

Aber natürlich geht es in diesem Buch ja nicht um „offline"-Geschäfte, sondern um ein nachhaltiges Onlinebusiness. Ich wollte dir einfach nur klar machen wie wichtig die Email-Adresse deiner Interessenten und Kunden ist und was alles möglich ist, wenn du das „weiterspinnst".

Wenn du bei Amazon Kunde bist, dann ist dir ja schon aufgefallen, dass du dort regelmäßig Emails erhältst. Vor allem, wenn du dir ein bestimmtes Buch angeschaut hast, bekommst du ein paar Tage später eine Email über genau dieses Buch. Wenn also Amazon das macht, dann solltest du das genauso machen.

Das Ganze nennt man auch **„Modeling of Excellence" - Lernen von den Besten.** Du brauchst das Rad nicht neu erfinden, sondern einfach funktionierende Techniken, Methoden und Strategien übernehmen.

Das wichtigste zum Fehler, keine Email-Liste aufbauen, auf den Punkt gebracht

Dein Ziel sollte immer das Gewinnen einer Email-Adresse von deinen Interessenten sein. Erst im zweiten Schritt wird dann etwas verkauft. Liefere auch immer Mehrwert und vor allem hochwertigen Content in Form von Blogartikeln, Checklisten, Reporten, Podcasts oder Videos. Je größer deine Email Liste ist, desto größer sind auch deine Einnahmen.

Beachte: Die Kontakte und Follower auf Facebook, Instagram, Xing und Co. gehören nicht dir. Sie sind nur „gemietet"! Wird einer deiner Accounts in einer Social-Media-Plattform gesperrt, sind auch alle Follower und Kontakte weg. Verwende daher deine Sozialen Netzwerke auch zum Aufbau deiner Email-Liste.

Merke: „Das Geld liegt in der Liste."

Im Bereich Online-Marketing ist eine Email-Adresse im Monat ca. 1 Euro Wert. Wenn du also eine Email Liste von 1´000 Abonnenten hast und diesen neben hochwertigem Content auch regelmäßig gute Angebote schickst, dann verdienst du damit im Schnitt 1´000,- Euro im Monat. Und nach oben gibt's ja bekanntlich keine Grenze, außer die, die du dir selber steckst.

Fehler Nummer 7: Scheißprodukte verkaufen und bewerben

Ja, sorry, da ist es schon wieder dieses unschöne Wort. Aber ich bin ein „groader Michl" wie man in Österreich so schön sagt und rede nicht groß um den heißen Brei herum, sondern sage gleich mal was Sache ist. Wenn ich zu einem sage, er ist ein Arschkricher, wird er es eher verstehen, als wenn ich ihm sage er ist ein Anal-Akrobat, wenn du verstehst, was ich meine.

Wer Scheißprodukte verkauft und bewirbt, nur um schnell Kohle zu machen, der braucht sich auch nicht wundern, wenn er früher oder später auch auf die Schnauze fällt. Klar kann man damit einige Euros machen, aber niemals ein nachhaltiges Onlinebusiness aufbauen.

Es gibt da draußen einige große Internet-Marketer, die können wunderbar verkaufen. Darin sind sie echt Meister ihres Faches. Das Produkt selber ist aber so flach, dass du damit niemals was anfangen kannst. Dann sprechen sie noch von „Geld zurück Garantie", aber für diese musst du „von Pontius zu Pilatus gehen", wie es so schön heißt, damit du dein Geld wiederbekommst.

Ich bewerbe daher nur noch Produkte, die ich zum einen selber kaufen würde und zum anderen zu 100 % dahinterstehe. Ich persönlich habe eine starke Abneigung zu Glücksspielen und Sportwetten. Daher werde ich solche Produkte auch nicht bewerben.

Hier kommt auch der wichtigste Tipp, vor allem wenn du Affiliate-Marketing betreibst. Kaufe das Produkt, welches du bewerben möchtest und mache dir ein Bild davon. Wie ist die Verkaufsseite aufgebaut, wie ist der Verkaufsfunnel, wie die Emailserie? Würdest du das Produkt dann selbst auch kaufen?

Mach mit dem Produkt dann ein Review-Video für Youtube und schreibe einen Blogartikel darüber. Dadurch produzierst du nicht nur Content, das schafft auch Vertrauen bei deinen Interessenten. Sie sehen, dass du das Produkt selbst besitzt und dadurch steigt das Vertrauen und natürlich auch die Wahrscheinlichkeit auf einen Kauf über deinen Link.

Wichtiger Hinweis: Bei jedem Anbieter ist es verboten das Produkt über den eigenen Affiliate-Link zu kaufen. So schnell kannst du gar nicht schauen, bist du vom Partnerprogramm ausgeschlossen, im schlimmsten Fall wirst du sogar komplett gesperrt und kannst die Plattform nie mehr nutzen.
Also kaufe die Produkte regulär oder am besten nur über meinen Link (das war ein Scherz :-D), vor allem bei digitalen Produkten hast du mit zwei bis drei Sales die Investition in den Kurs wieder verdient.

Sei auch fair, wenn dir jemand ein Produkt empfiehlt und wenn du es kaufen möchtest dann bestelle es auch über diesen Link. Immerhin hast du ja den Tipp von dieser Person bekommen. Außerdem bekommt man im Leben alles wieder zurück, was man aussendet. Gönnst du jemandem die Provision nicht, dann wird im umgekehrten Fall, wenn du mal etwas empfiehlst der Empfänger auch nichts gönnen.
Ich weiß es gibt auch so „Schlaumeier", die kaufen Produkte bei Amazon, machen einen Test und schicken das Produkt wieder zurück. Auch Amazon ist nicht doof und auch dort bist schnell mal gesperrt, wie Medien immer wieder berichten. Es ist ja kein Thema mal ein Produkt zurückzugeben, welches wirklich schlecht ist, aber als Geschäftsmann/frau sollte man auch fair agieren. Du willst ja auch nicht, dass sich die Leute deinen Kurs oder dein Ebook kaufen, alle Infos rausziehen und downloaden und dann wieder zurückgeben.
Wenn du Produkte von z.B. Amazon für ein Review kaufst, dann verkaufe diese einfach als gebrauchtes Ding weiter oder mache ein Marketing-Gewinnspiel daraus. Wer deinen Blogartikel bei Facebook teilt und kommentiert nimmt an der Verlosung teil. (Achte aber bei Gewinnspielen auf die AGB´s von Facebook)

Das wichtigste zum Fehler, Scheißprodukte bewerben, auf den Punkt gebracht

Bewirb nur Produkte, die du selber auch kaufen würdest und von denen du überzeugt bist. Am besten kaufe die Produkte, welche du bewirbst, denn dadurch kannst du gleichzeitig auch Content erstellen und Mehrwert für deine Interessenten liefern.

Fehler Nummer 8: Im Blindflug unterwegs sein

Ein sehr wichtiger Punkt im Online-Marketing ist es, seine Kennzahlen zu kennen. Ich sage dazu immer ZDF = Zahlen, Daten und Fakten. Wenn du deine Zahlen nicht analysierst, dann bist du zum einen im Blindflug unterwegs und zum anderen kannst du auch nichts optimieren.

Über die Conversion-Rate habe ich in diesem Buch ja schon gesprochen. Wenn du also ein Affiliate-Produkt bewirbst (in diesem Fall ohne Funnel), musst du wissen, wieviele Besucher du direkt zur Verkaufsseite schicken musst, um einen Sale zu generieren. Bei den meisten Affiliate-Partnerprogrammen kannst du dazu einen sogenannten Campaign Key (=Tracking Key) verwenden.

Im Fall von Digistore24 würde das so ausschauen:

digistore24.com/redir/Produkt/AFFILIATE/CAMPAIGN-KEY

Also am Ende des Affiliate-Links gibst du anstatt /CAMPAI-GNKEY z.B. /fb für Facebook oder /nl für Newsletter ein. Welche Kürzel du verwendest, bleibt natürlich dir überlassen. Kauft jetzt jemand über den Link, so kannst du in der Statistik von Digistore24 genau sehen über welchen Link, bzw. über welche Werbeaktion du den Verkauf gemacht hast. Wenn du in der Statistik siehst, dass du zwar 250 Klicks generiert hast, aber keinen einzigen Verkauf hast, dann gibt es zwei Möglichkeiten:

- Der Traffic von dieser Quelle ist schlecht oder für dieses Produkt nicht geeignet.
- Die Verkaufsseite hat eine schlechte Conversion-Rate.

Meine Erfahrung hat gezeigt, wenn du bei 100 Besuchern keinen einzigen Sale machst, dann würde ich dieses Produkt auch nicht weiterempfehlen oder zumindest noch eine andere Traffic-Quelle testen.

Weiter habe ich herausgefunden, dass die Conversion-Angaben der meisten Vendoren einfach nicht stimmen. Da wird oft von fünf bis zehn Prozent Conversion gesprochen, manchmal sogar von noch mehr. Aber in Wahrheit ist es dann eine andere und die Conversion-Rate wesentlich niedriger. Wenn du ein bis fünf Prozent erreichst, ist es ein super Wert und es lohnt sich mehr Traffic auf dieses Produkt zu schicken.

Ein sehr wichtiges Tool, wenn du eine eigene Webseite besitzt, ist Google Analytics. Dieses Teil ist so mächtig, hier kannst du nicht nur feststellen wo deine Besucher herkommen, sondern erhältst auch demographische Merkmale wie Alter und Geschlecht. Dadurch kannst du laufend deine Webseiten und Inhalte optimieren und somit auch die Conversion-Rate steigern.

Auch bei deinem Email-Marketing gibt es wichtige Kennzahlen wie Öffnungsrate und Klick-Rate, die du wissen musst. Ich möchte hier aber nicht tiefer in die Materie einsteigen, weil du über die Conversion im Verlaufe des Buches noch mehr erfahren wirst.

Das wichtigste zum Fehler, im Blindflug unterwegs, auf den Punkt gebracht

Es ist wichtig seine Zahlen zu kennen und diese mit Hilfe von Tracking Keys und Google Analytics auszuwerten und laufend zu überprüfen.

Fehler Nummer 9:
Kein Geld ausgeben zu wollen

Ich will doch Geld verdienen, warum muss ich vorher investieren?

Eine Aussage, welche ich gefühlt schon 100´000 Mal in meinem Leben gehört habe. Ja, du musst etwas investieren, und zwar neben deiner Zeit auch Geld, weil du im Gegensatz zu einem Job, jetzt als Unternehmer unterwegs bist und da sind ein paar Investments einfach notwendig.
Aber selbst als Arbeitnehmer musst du vorher Geld investieren. Wenn dein Job nicht gerade ums Eck ist, musst du zumindest eine Fahrkarte kaufen, ein Fahrrad falls du noch keines hast oder Treibstoff für dein Auto, sodass du zur Arbeit fahren kannst. Bedenke bitte auch die Zeit, die du benötigst, um an deinen Arbeitsplatz zu kommen. Auch Zeit ist Geld und sollte indirekt berücksichtigt werden.

Übrigens bei einem Onlinebusiness stehst du morgens auf und bist sofort in der „Arbeit".

Alles, was du derzeit in deinem Job verwenden kannst, musste dein Boss vorher bezahlen. Hast du also einen Computer zum Arbeiten, hat diesen dein Boss vorher bezahlen müssen. Ganz zu schweigen von der Büromiete, Stromkosten, Telefon und Internet. Wenn dich dein Boss auf Weiterbildung schickt, dann ist das für dich zwar kostenlos, aber die Seminarkosten musste dein Boss übernehmen.
Als Onlineunternehmer musst du deine Arbeitnehmerdenkweise verändern. Alles, was du vorher umsonst erhalten hast, kostet ab sofort Geld. Das heißt, du musst neben Zeit auch Geld in dein zukünftiges Unternehmen investieren.
Vergleicht man ein Onlinebusiness mit einem herkömmlichen „offline"-Business, sind die Kosten dafür aber relativ gering.

Neulich habe ich mich mit einem Kollegen unterhalten. Er hat mir erzählt, dass seine Bekannte jetzt ein Kaffeehaus eröffnet hat. Alleine für die Kaffeemaschine musste sie 40´000 Euro berappen. Da fehlen aber noch die Möbel, die Bar und noch einiges mehr. Die Betriebskosten und eventuell die Kosten für die Mitarbeiter möchte ich hier gar nicht weiter auflisten, sondern nur mal einen kleinen Vergleich zwischen „offline"- und Onlinebusiness zeigen. Bei einem Onlinebusiness bist du mit Startkosten ab 200 bis 2´000 Euro dabei. Wie hoch die Kosten genau sind, werde ich dir im Laufe dieses Buches natürlich noch verraten.

Vorher möchte ich dir aber noch den wichtigen Tipp geben: Wenn du nur mit kostenlosen Tools ein Onlinebusiness aufbauen möchtest, dann sparst du hier am falschen Platz. Vor allem bei der Webseite darfst du auf keinen Fall auf Gratislösungen wie Blogger oder Wordpress.com zurückgreifen. Du brauchst die volle Kontrolle über deine Webseite. Mit den kostenlosen Webseitenlösungen läufst du im Übrigen in Gefahr, dass der Dienst eingestellt wird und dann ist dein Business tot. Wie schnell sowas gehen kann, zeigt dir Google, denn vor einiger Zeit wurde die Social-Media-Plattform Google+ einstellt.

Hättest du dein Business nur darauf aufgebaut, dann hättest du jetzt ein kleines Problem.

„Baue daher nie ein Business auf gepachteten Grund, vor allem wenn es kostenlos ist"

Dann hast du bei kostenlosen Tools des Weiteren nur sehr wenig Einfluss auf das Design der Webseite oder die Tools, die du verwenden kannst. Ein späterer Umzug auf andere Webseitenlösungen ist oft gar nicht möglich und würde dich so viel Zeit kosten, dass du Wochen und Monate damit beschäftigt wärst, alles wieder zu ändern. Hier zu sparen wäre daher tödlich für dein Business.

Du musst dich aber am Anfang auch nicht gleich in Unkosten stürzen und kannst bestimmte Tools und Kurse erst nach den ersten Einnahmen kaufen.

Kommen wir daher zu den Kosten für ein Onlinebusiness.

Mit welchen Kosten musst du rechnen?

Das hängt am Anfang auch davon ab, welches Geschäftsmodell du wählst. Affiliate-Marketing oder das eigene digitale Produkt?

Wie ich ja schon des Öfteren erwähnt habe, empfehle ich gerade am Anfang, mit Affiliate-Marketing zu starten, zu lernen wie Online-Marketing funktioniert, erste Einnahmen zu generieren und dann im zweiten Schritt mit dem Erstellen, des eigenen Produktes zu beginnen.

Wenn du Network-Marketing betreibst, dann empfehle ich dir sowieso, auch Affiliate-Marketing zu erlernen und anzuwenden, weil es für dich eine weitere Einkommensquelle ist. Es spricht ja nichts dagegen Kunden, die Abnehmen möchten, zum Beispiel neben deinen Diätprodukten, auch einen Yoga Kurs zu empfehlen, um so zusätzliche Einnahmen zu generieren.

Die erste Investition, die du daher tätigen solltest, ist die Investition in Wissen, also in einen guten Online-Marketing-Kurs.

Wichtig! Immer nur einen Kurs, von einem Anbieter kaufen. Sollte es einen Upsell geben, also beim Kaufprozess ein zusätzliches Angebot zu einem günstigeren Preis, welches sich auch ergänzt, dann kannst du dieses, falls es dein Budget zulässt, schon dazunehmen.

Wenn du dich aber für Affiliate-Marketing entschieden hast, dann kaufe zuerst nur einen Affiliate-Marketing-Kurs und setze das gelernte darin um. Mache nicht den Fehler und kaufe dir noch einen Kurs wie du ein eigenes Abo-Produkt oder Ebook erstellst. Mache das erst wenn dein Affiliate-

Marketing-Business läuft oder wenn du alles komplett umgesetzt hast.

Falls du keinen Traffic generieren kannst, also dafür sorgen, Besucher auf deine Webseite zu bekommen und du die Traffic Strategien aus deinem Affiliate-Marketing Kurs schon umgesetzt hast, dann kaufe erst einen Traffic Kurs. Aber auch hier gilt wieder, nur einen Kurs auf einmal kaufen.

Vielleicht klingt das jetzt für dich „ja eh klar"- oder „Oberlehrer"-mäßig, aber glaube mir, das nächste unwiderstehliche Angebot ist schon heute in deinem Email-Postfach und bringt dich wieder in den Hoffnungsmodus rein.

Es genügt daher vollkommen, wenn du einen einzigen Kurs kaufst und diesen dann konsequent umsetzt. Ich teste zwar immer wieder Einstiegskurse unter 100 Euro, muss aber sagen, dass ich derzeit keinen wirklich zu 100 % empfehlen kann.

Die Kosten für einen guten Onlinekurs liegen bei 300 bis 1´200 Euro. Es sind die höchsten Ausgaben, die du zum Start in deinem Business hast. Ein VIP-Coaching startet meist ab 2´000 Euro und bringt dich dafür viel schneller an dein Ziel.

Welche TOP Kurse ich derzeit empfehlen kann, verrate ich dir im Bonusteil des Online-Portals.

Mit welchen Kosten du noch rechnen musst?

Du brauchst deine eigene Webseite und hier empfehle ich dir klar WordPress. Alle meine Webseiten laufen auf WordPress, in den meisten Kursen wird auch WP empfohlen und vor allem die genaue Installation und Konfiguration Schritt für Schritt erklärt.

Es gibt bei Wordpress zwei Möglichkeiten:

1. WordPress.com (nicht empfehlenswert!)
2. Wordpress selbst zu hosten.

WordPress ist kostenlos, du brauchst aber noch eine Domain und einen Webspace, dass du deine Webseite überhaupt installieren kannst. Im Schnitt kostet dich das Ganze je nach Anbieter bis zu 100 Euro pro Jahr.

Weiter benötigst du noch ein gutes Marketing-Theme. Als Theme bezeichnet man die veränderbare grafische Oberfläche von WordPress. Es sind zwar standardmäßig schon einige Themes bei Wordpress dabei und es gibt zahlreiche kostenlose, aber diese eignen sich sehr schlecht für Online-Marketing, weil du dort keine guten Landing-Pages oder Verkaufsseiten machen kannst.

Ich verwende OptimizePress und Thrive Theme. Die Kosten dafür liegen bei 100 bis ca. 275 Euro im Jahr. Es kommt darauf an, welche Version du kaufst und ob du das Ganze monatlich oder jährlich bezahlst. Wenn du dich für den VIP-Affiliate Club von Ralf Schmitz entscheidest, dann bekommst du Thrive Theme kostenlos und sogar noch auf deiner Webseite installiert.

Somit sparst du jährlich 275 Euro. Da sind wir dann wieder bei dem Punkt, welchen ich immer „predige", bei einem günstigen Kurs, sparst du am falschen Platz, weil du die 275 Euro jährlich dann selber zahlen müsstest. Ein Grund, warum ich den Kurs von Ralf Schmitz zu 100 % empfehlen kann, ist auch seine lebenslange Update-Garantie. Im Online-Marketing ändern sich die Dinge sehr schnell, was heute funktioniert, kann morgen schon nicht mehr gehen.

Da du bei günstigen Kursen kein Update erhältst, musst du dann eventuell einen neuen Kurs kaufen. Hier sparst du daher definitiv am falschen Platz, denn die Ausbildung ist so wie im echten Leben ein sehr wichtiger Punkt. Willst du von einem Meister ausgebildet werden oder von einem Gesellen, der gerade mal die Gesellenprüfung geschafft hat.

Oder wie ich immer wieder sage, gestern waren sie noch Anfänger und heute sind sie schon Experten, nur weil sie ein paar Euro übers Internet verdient haben. Diese „Möchtegern-Experten" bringen dann Kurse raus, die einfach keinen Mehrwert bieten, weil die Ersteller zu wenig Erfahrung haben.

Dann benötigst du für deine wichtigste Währung im Internet, die Email-Liste, ein gutes Email-Marketing-Programm. Mit einem Autoresponder sammelst du über ein Formular, welches auf deiner Webseite eingebunden ist, die Email-Adressen ein. Danach können automatisch Emails an deine Interessenten und Kunden verschickt werden.

Ich persönlich verwende hier, wie schon mehrmals erwähnt, 4Leads. Andere Online-Marketer empfehlen auch Klick-Tipp oder Quentn. Wenn du noch Anfänger bist, dann würde ich das Autoresponder-Programm verwenden, welches dir in deinem Kurs empfohlen wird, weil meist der komplette Kurs darauf aufbaut. Wenn du dich schon damit auskennst, dann würde ich dir empfehlen dir zumindest auch 4Leads genauer anzuschauen. Ich habe mehrere Jahre Klick-Tipp verwendet und auch Quentn eine Zeit lang getestet. 4Leads hat mir persönlich aber am meisten zugesagt und daher verwende ich es jetzt schon seit drei Jahren.

Der Vorteil dieser drei Programme ist, dass sie komplett in deutsch sind und sich auch an die unbeliebte DSGVO (Datenschutz-Grundverordnung) halten.

Ein Autoresponder kostet im Monat ab 27 Euro (plus MwSt.) und je nach Funktionen steigen die Preise bis 200 Euro. Für den Start genügen aber die kleinsten Accounts. Somit kannst du mit etwa 27 bis 49 Euro (plus MwSt.) an monatlichen Kosten rechnen.

Möchtest du dein eigenes digitales Produkt verkaufen, dann brauchst du noch ein eigenes Membership-Plugin. Hier gibt es verschiedene Lösungen entweder Digimember oder Member-Wunder. Letzteres verwende ich persönlich. Die Kosten pro Monat liegen bei 27 Euro (plus MwSt.). Es gibt auch fix und fertige Möglichkeiten wie zum Beispiel „Coachy".

„Coachy" ist sehr einfach zu bedienen, und der Kurs ist auch schnell erstellt, ideal für Anfänger und für Leute die ohne viel Technik schnell starten möchten. Einziger Nachteil für mich sind die Kosten. Weil für ein Produkt ist der Preis von 27 Euro (plus MwSt. - bei jährlicher Zahlung) ok, hast du aber mehrere Produkte, musst du für jedes weitere Produkt zusätzlich 9 Euro zahlen oder einen größeren Account ab 57 Euro im

Monat nehmen. Nicht so, wenn du Digimember oder MemberWunder verwendest, hier bleiben die Kosten bei mehreren Produkten immer gleich.

Rechnen wir alles grob zusammen, kommen folgende Kosten dabei raus, wenn du mit Affiliate-Marketing starten möchtest:

197 Euro – 997 Euro für einen Affiliate-Marketing Kurs
100 Euro Webspace
100 bis 273 Euro Wordpress Theme

= 397 bis 1'370 Euro Startkosten (1'370,- Euro mit Profi-Affiliate-Marketing-Ausbildung)

Es kommen dann im Monat noch laufende Kosten für den Autoresponder von 27 bis 200 Euro (plus MwSt.) dazu, je nachdem welches Paket du dann auch nimmst. Für den Start genügt sicher ein „27 bis 50 Euro"-Paket.

Wenn du als Leadmagneten ein Webinar verwenden möchtest, dann benötigst du noch eine Webinarsoftware. Hier gibt es drei Möglichkeiten:

1. Imparare
2. Webinaris
3. Webinarfly

Wieso ich auf die Kosten so genau eingehe?

Zum einen betreibe ich ja als „Geldsparmeister" seit über 11 Jahren meinen Blog zum Thema „Geld sparen im Haushalt" zum anderen hat mich das Buch: „Profit First" von Mike Michalowicz, welches ich dir sehr empfehlen kann, nur bestätigt.

„Je niedriger meine laufenden Kosten sind, desto höher ist mein Gewinn."

Ich diskutiere immer wieder mit dem einen oder anderen Online-Marketing-Kollegen über diverse Tools und auch die Kosten. Viele sind der Meinung, dass sich die Kosten eines Tools selbst tragen sollten. Das stimmt ja auch, aber wenn ich dabei zusätzlich Kosten einsparen kann, wieso soll ich dann die teurere Variante wählen?

Ein Online-Marketing-Tool ist ja nichts anderes als ein gutes Werkzeug. Ein Handwerker, der sein Werkzeug täglich benötigt, verwendet deshalb auch hochwertiges Werkzeug und nicht das Billigzeugs vom Baumarkt. Der Unterschied ist aber, dass die meisten Online-Marketing-Tools, nicht wie Werkzeug einmal gekauft werden, sondern als Abo. Also hast du dazu monatliche laufende Kosten.

Tools wie „Coachy" oder „Webinaris", setzen kein technisches Verständnisse voraus, sind sehr einfach, zu bedienen und können komplett eigenständig verwendet werden. Das hat aber auch seinen Preis.

Tools wie beispielsweise „Webinarfly", „MemberWunder" oder „Digimember" hingegen sind mindestens genauso gut aber wesentlich günstiger. Sie setzen neben WordPress aber auch einige technische Kenntnisse voraus. Das ist natürlich kein Hexenwerk, denn auch ich habe diese Dinge gelernt. Überdies erhältst du meistens auch eine sehr gute Video Anleitungen zu den Tools dazu. Hier ist der einzige Nachteil nur, dass du am Anfang etwas mehr Zeit investieren musst. Die Tools, welche auf WordPress laufen sind nicht schlechter, ganz im Gegenteil, oft hast du damit viel mehr Möglichkeiten. Der größte Vorteil dabei ist, mit einem Backup hast du deine Seite komplett gesichert und bist nicht abhängig von einem anderen Anbieter. Wenn es dann läuft, sparst du enorm viel Geld.

Es macht eben einen Unterschied, ob ich 99 Euro monatlich bezahle für ein Online-Marketing-Tool oder nur 37 Euro. Im Laufe der Zeit kommen ja noch Tools dazu, deshalb empfehle ich dir immer auch die Kosten im Auge zu behalten. Im Buch „Profit First", habe ich gelernt, dass die laufenden Kosten bei einem Unternehmen unter 250´000 Jahresumsatz nicht mehr als 30 % ausmachen sollten.

Das Motto dabei lautet: *„Nicht geizig sein, sondern ein sparsamer Unternehmer sein, der vor allem seine Gewinne regelmäßig steigert".*
Du solltest als angehender Online-Unternehmer unbedingt das Buch „Profit First" lesen. Mehr Informationen dazu findest du im Online-Portal unter Bücher Tipps:
www.roland-hamm.com/buch-tipps

Spartipp: Bezahle Online-Marketing-Tools wenn möglich per Jahresrechnung. Dann erhältst du bis zu 30 % Rabatt. Das gleiche gilt für's Webhosting. Zahlst du jährlich, erhältst du auch dort einen Vorauszahlungsrabatt.

Wenn du statt mit Affiliate-Marketing mit deinem eigenen digitalen Produkt beginnst, kommen noch die monatlichen Kosten ab 27 Euro (plus MwSt.) für ein Membership-Tool wie „Coachy" bzw. ein WordPress-Plugin wie „Digimember" dazu.
Erwähnen möchte ich natürlich noch, dass es ein großer Vorteil wäre, wenn du am Anfang auch etwas Werbebudget zur Verfügung hast. Bis nämlich deine Webseiten in den Suchmaschinen gut gelistet werden oder deine Social-Media-Aktivitäten greifen, dauert es einige Zeit. Daher würde ich noch mindestens 300 bis 900 Euro Werbebudget für die ersten sechs Monate einkalkulieren. Keine Angst mit der richtigen Strategie wirst du von Anfang an deine Werbekosten refinanzieren und langfristig zumindest für jeden investierten Euro zwei Euro zurückbekommen.
Und ja, du musst natürlich auch Steuern zahlen, wenn du mit einem Onlinebusiness Geld verdienst. Das ist aber sowieso Pflicht, egal welche Selbstständigkeit du machst. Auch ein

Networker, der Kosmetik oder Gesundheitsprodukte verkauft, muss das. Wenn du Online-Marketing am Anfang nebenberuflich betreibst, dann hast du dadurch sogar einige Steuervorteile. Also keine Panik, erkundige dich deshalb am besten auch bei einem Steuerberater.

In Österreich hilft dir dabei der Gründerservice der Wirtschaftskammer:

www.gruenderservice.at

Das wichtigste zum Fehler, kein Geld ausgeben, auf den Punkt gebracht

Ein Onlinebusiness nur auf kostenlose Tools aufbauen zu wollen, kann langfristig zu vielen Problemen führen: Einkommenseinbußen, riesiger Mehraufwand bei Wechsel auf kostenpflichtige Lösungen und im schlimmsten Fall zum Totalverlust deines Business.

Die Startkosten liegen am Anfang bei 397 bis 1'370 Euro und deine laufenden Kosten für den Autoresponder betragen dann noch ab 27 Euro. Wenn du den Webspace oder den Affiliate-Marketing-Kurs auf Ratenzahlung kaufst, dann sind die Kosten etwas über die Monate verteilt und mit den ersten Einnahmen kannst du deine Ausgaben dann refinanzieren.

Um die laufenden Kosten zu sparen, würde ich dann mit den ersten größeren Einnahmen, auf Jahreszahlung bei deinen Online-Marketing-Tool umzustellen. Dadurch erhöhst du deinen Gewinn. Deine laufenden Kosten sollten nicht höher als 30 % von deinen Einnahmen betragen.

Die Kosten für deine Internetverbindung und die Stromkosten, die du ja sowieso hast, sind natürlich in dieser groben Berechnung nicht dabei. Betreffend Firmengründung und Steuern für deine Einnahmen musst du dich dann auch noch bei einem Steuerberater und der Wirtschaftskammer (in Österreich) erkundigen.

Ich hoffe, du bist aufgrund der Kosten jetzt nicht abgeschreckt, ich wollte dir einfach von Anfang an klar sagen, was Sache ist. Im Vergleich zu anderen Geschäftsmöglichkeiten sind diese Kosten aber fast schon lächerlich. Außerdem bist du im Gegensatz zu einem Hamsterrad-Job mit dem Einkommen nach oben hin nicht mehr limitiert. Je nachdem wie gut du alles umsetzt, sind Einkommen von 5'000 Euro oder mehr in unserer Branche keine Seltenheit.

Solltest du kein Geld zum Investieren zur Verfügung haben, dann empfehle ich dir wie in diesem Buch schon mal erwähnt, an einem Wochenende all deinen alten Krempel, den du nicht mehr brauchst, zusammenzutragen und zu verkaufen. Wie du dabei ein Maximum herausholst und in 30 Tagen 500 Euro oder mehr machst, erfährst du in meinem Kurs: „Schnell Geld machen"

www.roland-hamm.com/500-euro-machen-angebot/

Fehler Nummer 10: Trial and Error - Nicht zu wissen, was man tut

Trial and Error, auch bekannt als Versuch und Irrtum, kann natürlich eine Methode sein, um ein Problem zu lösen, aber nicht um ein Onlinebusiness aufzubauen. Klar kannst du im Internet und auf Youtube vieles kostenlos finden. Aber das kostet auch eine Menge Zeit und vor allem Nerven. Rechne mal deinen Stundenlohn aus und dann die Zeit, die du für das Recherchieren von richtigen Informationen brauchst. Hochgerechnet wird da schon eine kleine Summe zusammenkommen und ob du damit dann auch erfolgreich wirst, das bezweifle ich.

Glaubst du wirklich, du kannst ein komplettes Haus bauen, nur weil du dir alle möglichen Videos zum Thema Hausbauen auf YouTube reingezogen hast?

Genauso wie beim Bauen eines Hauses ist es mit dem Bauen eines Onlinebusinesses. Du brauchst ein Grundstück, danach einen Plan. Als Erstes wird das Fundament gebaut, der Keller, das Erdgeschoß, eventuell ein Stockwerk, dann das Dachgeschoss und das Dach. Je höher das Haus wird, desto tiefer wird das Fundament und desto länger wird auch am Fundament gearbeitet. Es sind zahlreiche Schritte dafür notwendig, die auch von den verschiedensten Handwerkern erledigt werden müssen.

Genauso beim Onlinebusiness, je mehr Geld du verdienen möchtest, desto länger musst du am Fundament, also deinen Fähigkeiten arbeiten. Dann gehst du Schritt für Schritt vor, bis dein „Business-Haus" fertig ist und regelmäßig und vor allem nachhaltig Geld verdient.

Und da komme ich schon wieder zum Thema Ausbildung. Es gibt Kurse, da lernst du, wie bei der Geschichte mit den 3 kleinen Schweinchen und dem bösen Wolf, wie du ein Onlinebusiness-Strohhaus aufbaust, welches dich im ersten Moment zwar vor der Sonne schützt, aber beim ersten stärkeren Wind umfällt und kaputt ist. Manchmal sind diese „Bauanleitungen" sogar so schlimm, dass du eine Anleitung für ein Kartenhaus erhältst, welches beim ersten Windstoß davonfliegt.

Dann gibt es Anleitungen, dort lernst du, ein Haus ohne Fundament auf sandigen Grund aufzubauen. Auch dieses Haus steht eine Weile, aber beim ersten gröberen Gewitter bricht es zusammen, weil das Fundament fehlt und das Haus durch den vielen Regen und den aufgelockerten Boden im Sand versinkt oder davonschwimmt. Und dann gibt es die Bauanleitung für ein erdbebensicheres Haus, welches jedem schlechten Wetter trotzt und langfristig selbst einem Erdbeben standhält.

Achte darauf, dass du von Anfang an einen Business-Bauplan für ein „Erdbebensicheres Business-Haus" erhältst.

Das wichtigste zum Fehler, nicht wissen was man tut, auf den Punkt gebracht

Mit Trial and Error, wirst du niemals ein Onlinebusiness (Haus) bauen können. Mache es daher nicht wie bei der Geschichte der drei kleinen Schweinchen und dem bösen Wolf, verzichte niemals auf ein Fundament, sondern baue von Anfang an ein stabiles Fundament und ein Haus aus Stein und Eisen. Das dauert zwar etwas länger, beschützt dich aber vor den vielen „Business-Wölfen" und hält auch jedem „Business-Sturm" stand. Besorge dir entweder einen guten „Onlinebusiness-Bauplan" oder nimm dir gleich einen „Onlinebusiness-Baumeister" (= Coach) dazu.

Das waren jetzt die zehn schlimmsten Fehler beim Online-Geldverdienen. Gehen wir jetzt von der Theorie in die Praxis. Lass uns jetzt mit dem Bau deiner „Geldmaschine Marke Eigenbau" starten.

Notizen und Ideen

Einfache Schritt für Schritt Anleitung zum kopieren

Wie du dir smart deine Geldmaschine Marke Eigenbau baust und in Zukunft damit passives Einkommen verdienst

Wenn du dir ein passives Einkommen im Internet aufbauen möchtest, dann benötigst du genau diese zwölf Schritte. Sie sind im Grunde genommen sehr simple, für deinen dauerhaften Erfolg müssen sie aber auch Schritt für Schritt und in der richtigen Reihenfolge umgesetzt werden. Mit dieser Strategie baust du dir eine Geldmaschine Marke Eigenbau. Es gibt dazu auch keine Abkürzung oder einen Lift, sondern nur eine Treppe nach oben, die du Stufe für Stufe erklimmen musst.

Bevor ich dir jetzt alle Schritte für deine Geldmaschine verständlich erkläre, möchte ich noch über den Myhtos „passives Einkommen" sprechen.

Mythos „passives Einkommen"

Es gibt 2 Möglichkeiten Geld zu verdienen:
* Aktiv
* Passiv

Aktives Einkommen

Beim aktiven Geldverdienen, gehst du einer körperlichen oder geistigen Tätigkeit nach und erhältst dafür ein aktives Einkommen. Du tauschst nichts anderes als Zeit gegen Geld. Es ist dabei egal, ob du Selbstständiger oder Angestellter bist, wenn du nach Stunden bezahlt wirst, hast du ein aktives Einkommen.

Hier bist du leider auch sehr begrenzt, denn du kannst dein Einkommen nur steigern, wenn du:

- deinen Stundenlohn erhöhst oder
- mehr Stunden arbeitest

Möglichkeit eins: Deinen Stundenlohn erhöhen

Als Angestellter kannst du kaum deinen Stundenlohn erhöhen. Klar könntest du deine Fähigkeiten verbessern, eine zusätzliche Ausbildung machen und wirst so wertvoller für dein Unternehmen. Du könntest dir auch einen anderen Job suchen und dadurch deinen Stundensatz und somit dein Einkommen erhöhen, aber im Grunde genommen bist du immer limitiert. Als Unternehmer könntest du natürlich auch deinen Stundensatz bzw. dein Honorar erhöhen. Das geht aber immer nur so lange, wie Kunden bereit sind dein Honorar auch zu bezahlen. Ich denke du weißt, worauf ich hinaus will.

Übrigens höre ich immer wieder von Leuten die Aussage: *„Ich will nicht verkaufen!"* Ich verstehe nicht, warum der Großteil der Menschen so derartig negativ auf verkaufen eingestellt ist. Im Endeffekt verkaufen wir uns jeden Tag, die meisten wissen es gar nicht. Du verkaufst deine Arbeitszeit an deinem Boss, je besser du das gemacht hast, desto ist höher dein Einkommen. Du verkaufst dich als Person bei einem Date. Je besser du das machst, desto wahrscheinlicher wird aus deinem Date mehr werden.

Lange Rede kurzer Sinn, wir verkaufen immer und jeden Tag, also würde ich mich auch mit dem Thema verkaufen auseinandersetzen. Gerade im Online-Marketing ist es wichtig zu lernen, warum Menschen kaufen und warum nicht.

Ein sehr gutes Buch dazu ist von der Werbetexterin Désirée Meuthen und heißt *„Verkaufsgehirn - Die 7 psychologischen Ursachen, warum Menschen kaufen"*

Mehr dazu im Online-Portal unter Buch-Tipps:
www.roland-hamm.com/buch-tipps

Als Verkäufer unter meinen Lesern wirst du jetzt sicher auf-schreien, ja aber im Verkauf, wenn ich Provisionen erhalte, kann ich viel mehr verdienen. Das stimmt natürlich, aber im Großen und Ganzen ist es auch aktives Einkommen, weil du ja aktiv verkaufen musst und kein automatisierter Verkäufer (=Online-Shop) der 24 Stunden am Tag, 7 Tage die Woche, 365 Tage im Jahr offen hat, dahintersteht.

Möglichkeit zwei: Mehr Stunden arbeiten

Bei der Arbeitszeit bist du genauso begrenzt, denn mehr als 24 Stunden am Tag kannst du auch nicht arbeiten, irgendwann solltest du auch mal schlafen oder deine Freizeit genießen. Oder willst du dich zu Tode arbeiten?

Ganz im Gegenteil …

Mindestens 40 Stunden die Woche malochen, 47 Wochen im Jahr (bei fünf Wochen Urlaub) und das Ganze dann 40 Jahre lang, um dann seine Freizeit zu genießen?

Wer will das schon?

Besser wäre es doch mal 3-4 Jahre in seinem Onlinebusiness ordentlich reinzuhauen und danach Schritt für Schritt die Arbeitsstunden zu reduzieren und das Leben und vor allem seine örtliche und finanzielle Freiheit zu genießen.

Kurz gesagt, aktiv arbeiten bedeutet, Zeit gegen Geld zu tauschen, und nach oben gibt es immer ein Limit. **Der größte Nachteil dabei ist, dass wenn du nicht arbeitest, du auch kein Geld verdienst.**

Kommen wir daher zum wesentlich angenehmeren Teil …

Passives Einkommen

Viele denken dabei ans Geldverdienen im Schlaf oder auf der Couch. Am besten noch fürs Nichtstun bezahlt werden. Und wenn man sich so die Werbungen anschaut, welche einem täglich über den Weg laufen, wird einem genau dieses Bild suggeriert. Doch leider ist das nur ein Traum und die halbe Wahrheit.

Hier das klassische Beispiel für passives Einkommen. Ein Musiker komponiert aktiv einen Song, wenn er Glück hat, kommt dieser in die Charts und wird ein „Nummer 1 Hit". Der Musiker verdient an jedem Verkauf und jedes Mal, wenn sein Lied irgendwo öffentlich gespielt wird. Nach oben hin gibt es also keine Grenze.

Klar muss der Musiker am Anfang viel Werbung machen für seinen Song, also in Radiosendungen auftreten, Konzerte geben, eventuell TV-Auftritte machen ... Aber wenn es dann mal ein Hit ist wie z.B. „Last Christmas" von „Wham" dann klingelt jedes Jahr um die Weihnachtszeit richtig fett die „Einkommensglocke".

Was aber viele beim Thema passives Einkommen falsch verstehen ist:

„Um überhaupt mal passives Einkommen zu verdienen, musst du vorher aktiv was tun!"

Vor allem die richtigen Dinge tun. Läuft das Business, dann musst du trotzdem noch etwas Zeit reinstecken, zwar nicht mehr so viel wie vorher, aber je nach Business musst du den „Einkommensstrom" am Laufen halten. Es ist so wie mit der Eisenbahn. Legst du an der stehenden Diesellokomotive unten einen Holzkeil rein, dann kommt sie trotz tausender PS nicht aus dem Stand und bleibt stehen. Entfernst du den Keil und bringst die Lok bloß langsam ins Laufen, dann ist die Lokomotive nicht mehr aufzuhalten. Selbst wenn du jetzt einen Holzkeil auf die Schiene legen würdest, würde die Lok aufgrund des Gewichts und der Geschwindigkeit einfach über den Keil drüberrauschen und ihn zerbersten. Das Einzige, was du jetzt als „Lokführer" zu tun hast, ist die Lokomotive am Laufen zu halten. Tanken, warten und die Geschwindigkeit zu kontrollieren, sind dann deine Aufgaben.

Genau so ist es auch bei einem Onlinebusiness. Wenn du also mit einem Onlinebusiness passives Einkommen verdienen möchtest, dann musst du zuerst starten und die „Business-Lokomotive" ins Laufen bringen. Und dazu solltest du diese Schritte tun …

Schritt 1 - Dein Ziel!

Was willst du mit deinem Onlinebusiness erreichen?

Bevor du startest, solltest du dir als ersten ein Ziel stecken. Ich weiß, du willst Geld verdienen, aber um dieses Thema kommst du einfach nicht herum. Ohne ein Ziel wirst du kaum ein erfolgreiches Onlinebusiness aufbauen können.

Du setzt dich ja auch nicht in dein Auto ohne Ziel oder?

Also musst du dein Navigationssystem zuerst mal auf dein Ziel hin programmieren. Danach kannst du erst einen Plan machen, ähnlich wie beim Auto-Navi, die kürzeste, schönste oder schnellste Strecke zum Ziel wählen.

Stelle dir daher folgende Fragen:

Wie viel Geld möchtest du verdienen?

200 €, 500 €, 1´000 €, 2´500 €, 5´000 €, 10´000€ oder mehr im Monat?

Möchtest du in Zukunft deinen Hauptjob an den Nagel hängen und dein Onlinebusiness Vollzeit betreiben, also hauptberuflich?

Wann willst du dein erstes Ziel erreichen?

In 6 Monaten, 12 Monaten, 1 Jahr, 5 Jahren usw.

Wie sollte ein Ziel definiert werden?

Ein Ziel muss klar, konkret, messbar und unmissverständlich sein. Formuliere es positiv und lasse unbedingt Negationen weg.

Hier ein Beispiel:

"Ich verdiene in 6 Monaten mindestens 500 Euro monatlich mit meinem Onlinebusiness".

oder

"Ich kündige meinen Job am 30.9.2022, weil ich mit meinem Onlinebusiness jeden Monat 10´000 Euro verdiene".

Beachte unbedingt! Wenn du dein Onlinebusiness in Zukunft hauptberuflich betreiben möchtest, dann solltest du wenigstens sechs Monate lang mindestens das Doppelte deines derzeitigen Monatsgehalts verdienen. Also wenn du jetzt 1´500 Euro netto verdienst, dann solltest du mindestens 3´000 Euro jeden Monat in den nächsten 6 Monaten verdienen, bevor du kündigst.

Tipp: *„Ich will glücklich, gesund und reich sein"* ist kein Ziel, sondern ein frommer Wunsch. Nehmen wir nur den Wunsch „reich sein" her. Was bedeutet für dich Reichtum? 10´000 Euro am Konto oder eine Million? Wenn du reich sein möchtest, dann definiere die genaue Zahl. Also: *„Ich habe am 10.5.2030 eine Million Euro am Konto."*

Je genauer du dein Ziel definierst, desto wahrscheinlich ist es, dass du es erreichst. Dazu musst du aber nach der Zielsetzung auch ins Handeln kommen.

Warum willst du dein Ziel erreichen?

Dein „Warum" ist ein wichtiger Punkt. Erst wenn du ein starkes „Warum" hast, wirst du mit dem notwendigen „Wie" ausgestattet werden. Vor allem wirst du mit einem starken „Warum" auch Durchhaltevermögen entwickeln.

Die Erfolgsformel

Ich habe diese simple Erfolgsformel vor einigen Jahren von meinem Coach Ernst Crameri gelernt. Und obwohl diese Formel sehr einfach ist, setzen die meisten sie niemals um.

Z + P + T + K = Erfolg

Z steht für **Ziel**
P steht für **Plan**
T steht für **Tun**
K steht für **Kontrolle**

Zuerst steckst du dir ein Ziel. Wie oben schon erwähnt muss dieses klar, konkret, messbar und unmissverständlich sein. **Danach machst du dir einen Plan.** In unserem Fall, meine Schritt für Schritt Anleitung zur Geldmaschine Marke Eigenbau.

Jetzt kommt der **wichtigste Punkt:**

TUN

Tag und Nacht, nicht unnötig trödeln!

Machen! Machen! Machen!

Das beste Ziel und der beste Plan nützen dir nichts, wenn du nicht ins Tun kommst. Zwei Gründe warum die meisten Menschen scheitern:

- Sie fangen nie an.
- Sie geben zu früh auf.

Wenn du mein Buch nur liest und nichts umsetzt, dann hättest du dir das Geld auch sparen können. Also lautet die oberste Devise:

Handle und setzte um! Werde ein Macher, ein Umsetzer!

Kommen wir zum letzten Punkt in der Erfolgsformel: **Die Kontrolle**

Gerade die Kontrolle wird im Bereich Online-Marketing von Anfängern sehr vernachlässigt. Ohne Kontrolle weißt du nicht, wo du gerade stehst. Ohne Kontrolle weißt du auch nicht, was du ändern oder optimieren musst. Ohne Kontrolle bist du im Blindflug unterwegs.
Wenn du beim Autofahren nicht regelmäßig auf dein Navigationsgerät schaust (oder auf die Richtungsanzeige hörst), dann kann es leicht passieren, dass du bei der Abzweigung falsch abbiegst und nie an deinem Ziel ankommst. Daher ist es wichtig, nicht nur deine Tätigkeiten zu kontrollieren, sondern auch deinen Webseiten-Traffic und deine Conversion. Mit welchen Tools du das machen kannst, erfährst du im weiteren Verlauf.

Action Schritt - Plane jetzt deine Ziele!

Nimm dir jetzt mindestens 30 bis 60 Minuten Zeit und plane deine Ziele für die nächsten ein bis zehn Jahre. Was willst du in sechs Monaten und was in einem Jahr erreichen. Was willst du in fünf Jahren und was in zehn Jahren erreicht haben. Warum willst du deine Ziele erreichen?
Mache diesen Action-Schritt unbedingt schriftlich und hänge dann deine Ziele bei deinem Arbeitsplatz auf. Dein wichtigstes Ziel für die kommenden zwölf Monate solltest du am besten dort aufhängen, wo du es immer sehen kannst.
Erstelle dazu auch ein Visionboard. Ein Visionboard ist nichts anderes als eine Fotocollage mit deinen Zielen. Es ist ein sehr

mächtiges Tool, um deine Ziele, Träume und Wünsche zu visualisieren und zu manifestieren.

Tipp: Sehr hilfreich sind sogenannte „Ziele erreichen"-Planer. Sie helfen dir vor allem bei der Umsetzung. Wie schon erwähnt ist ein Business ohne Plan wie ein Schiff ohne Ruder. Benutze daher auch einen "Ziele Planer". Ich habe in den letzten Jahren einige Planer ausprobiert und verwendet. Am besten haben mir dabei zwei Planer gefallen. Der F.A.B.E.L Planer von Mike Hager und der Planer von John Lee Dumas: „Erreiche jedes Ziel in 100 Tagen". Mehr Infos über diese Planer findest du im Online-Portal unter Buch Tipps. Dort erkläre ich dir in einem Video die Vor- und Nachteile der beiden Planer.

Schritt 2 - Die Wahl der richtigen Marktnische

Die richtige Marktnische zu finden ist einer der wichtigsten Punkte überhaupt und entscheidet über Erfolg oder Scheitern. Hat die Nische zu viele Mitbewerber, dann wird es für dich als Anfänger schwierig werden, dort Fuß zu fassen. Hat die Marktnische zwar wenig Mitbewerber, aber keine Produkte die über das Internet gekauft werden oder kaum Affiliate-Programme, wirst du keine Umsätze machen.

Daher solltest du für diese Aufgabe genug Zeit investieren und auch alles schriftlich festhalten.

Sicherlich stellst du dir jetzt folgende Frage:

Was ist eine Marktnische?

Eine Marktnische ist ganz einfach gesagt ein Ausschnitt aus einem Gesamtmarkt. Nehmen wir beispielsweise den Bereich Abnehmen. Dann ist Abnehmen der Gesamtmarkt. Eine Marktnische auch nur Nische genannt wäre jetzt „Abnehmen für Frauen nach der Schwangerschaft" oder „Abnehmen für übergewichtige Kinder".

Am besten sind Nischen mit Leidensdruck und Schmerzen, die einen nachts nicht einschlafen lassen. Wo Leute vor allem bereit sind auch Geld auszugeben. Beispiele wären hier die Themen wie Exfreundin (Exfreund) zurückgewinnen, Abnehmen oder Akne im Gesicht.
Aber auch Nischen mit denen sich viele Menschen in ihrer Freizeit beschäftigen sind perfekt zum Geldverdienen geeignet. Beispiele wären hier besser Golf spielen, ein Musikinstrument erlernen, fischen, Vegan kochen oder nähen.

Welche Voraussetzungen sollte deine Nische haben?

- Du musst damit Geld verdienen können. Also sollten Leute bereit sein, dafür Geld zu zahlen.
- Die Nische muss dir Spaß machen und du solltest dich dafür auch interessieren.
- Es sollte eine ausreichende Menge an Leute geben, die sich für diese Nische interessieren.

Viele Anfänger machen den Fehler zu breit in eine Nische zu gehen. Also zum Beispiel beim Thema Abnehmen, alle erreichen zu wollen. Besser wäre es hier eher spitz in den Markt einzutreten. Zum Beispiel Abnehmen für Frauen über 40, Abnehmen nach der Schwangerschaft oder Abnehmen für Teenager. Im Bereich Fitness könnte ein gutes Nischenthema Muskelaufbau für Männer ab 40 sein.

Es ist, wie oben schon erwähnt, wichtig immer spitz in den Markt einzutreten und nicht zu breit, denn sonst ist die Konkurrenz viel zu groß. Auch die Werbung wird teuer und zu gestreut, wenn du alle erreichen möchtest. Eine ähnliche Nische kannst du jederzeit später noch dazunehmen.

Es gibt 4 profitable Märkte, in denen sich im Internet gutes Geld verdienen lässt:

- Geld und Business
- Dating und Beziehungen
- Gesundheit, Fitness und Abnehmen
- Hobbys mit irrationaler Leidenschaft

Wichtiger Tipp:
Im Markt „Geld und Business" herrscht in der Unternische „Online-Geld-verdienen" sehr viel Konkurrenz. Daher würde ich dir als Anfänger diese Nische nicht empfehlen.

Wie du die richtige Nische findest

Nimm dir einen Block und einen Stift und setze dich an deinen Lieblingsort. Schalte gute Musik ein und starte mit dem Brainstorming. Am besten nimmst du dir für dieses Brainstorming mehrere Stunden am Stück Zeit.
Stelle dir folgende Fragen:

Dein Wissen und deine Ausbildung

- In welchen Bereich kennst du dich gut aus?
- Wo bist du Experte?
- In welchem Bereich hast du viel Wissen?
- Was hast du gelernt?
- Was ist dein Beruf?
- In welchen Berufen und Branchen hast du schon gearbeitet?

Schreibe auf, was dir Spaß macht

- Was macht dir Spaß?
- Was machst du gerne?
- Welche Hobbys hast du?
- Was interessiert dich?

In welchem Bereich möchtest du mehr lernen?

Schreibe deine Ängste auf:

- Was macht dir Angst?
- Wovor hast du Angst?

Probleme und Herausforderungen:

- Was hast du für Probleme und Herausforderungen?

- Ist es die kurze Akkuzeit deines iPhones, Probleme beim Italienischlernen oder beispielsweise Probleme den Sixpack endlich zu haben?
- Wo gibt es Probleme, die eine Lösung brauchen?

Recherchiere nach der Beantwortung aller Fragen weiter:

Lässt sich diese Idee digital umsetzten?

Kannst du mit dieser Idee ein digitales Produkt erstellen? Einen Videokurs oder vielleicht sogar ein Abo. Du kannst dich auf Marktplätzen wie beispielsweise Digistore24, Copecart, Udemy oder Clickbank umsehen, ob es bereits Produkte in diesem Bereich gibt. Zum einen kannst du diese am Anfang als Affiliate bewerben und zum anderen kannst du diese Produkte dann selbst kaufen und prüfen. Was ist gut daran, was ist schlecht? Daraus kannst du ein viel besseres Produkt machen. Außerdem kannst du des Weiteren dann einen Review Blogartikel (= Erfahrungsbericht) schreiben und ein Review Video daraus machen. So hast du schon den ersten Content für deine Webseite.

Gibt es bereits Konkurrenz im Markt?

Geh zu Google und gib dein Nischenkeyword in die Suchmaschine ein. Eine meiner Nischen ist zum Beispiel „Geld sparen im Haushalt". Jetzt würde ich „Geld sparen im Haushalt" oder „Geld sparen", „Strom sparen" usw. eingeben und schauen ob jemand hier Anzeigen schaltet, also sogenannte „Google Ads"-Anzeigen. Sind bei dieser Suche einige verschiedene Anzeigen vorhanden, dann bedeutet das im ersten Moment, dass hier eventuell Geld verdient wird. Denn, wenn jemand Werbung schaltet, dann immer mit dem Hintergrund, dass er etwas verkaufen möchte.

Sollte hier keine einzige Anzeige stehen, ist die Wahrscheinlichkeit groß, dass in dieser Nische online kaum oder kein Geld verdient wird. Also würde ich dieses Nischenthema im ersten Moment nicht weiter verfolgen. Lasse es aber trotzdem auf deiner Brainstorming Liste und notiere deine Erkenntnis. Übrigens lasse dich nicht entmutigen, wenn es schon Konkurrenz gibt, das bedeutet auch, dass in dieser Nische schon Geld verdient wird. Es gibt nämlich kaum noch lukrative Nischen, die nicht besetzt sind. Konkurrenz belebt das Geschäft lautet ein bekannter Spruch. Du musst dann einfach besser und kreativer werden und vor allem anders (= ein Rebell) als deine Marktbegleiter. In jeder Stadt gibt es zig verschiedene Restaurants. Meist auch mehrere Pizzerias. Die Pizzeria mit der besten Pizza, dem besten Service, einem gepflegten gemütlichen Lokal, wird früher oder später das Rennen machen.

Genauso ist es auch im Onlinebusiness. Die Webseite, die sehr übersichtlich ist, einen schnellen Seitenaufbau hat, für Smartphones optimiert ist und die vor allem den besten Content hat, wird sich früher oder später vom Mitbewerber abheben. Ein User merkt, ob du Inhalte schreibst, um etwas zu verkaufen oder um Mehrwert anzubieten.

Wie groß ist die Zielgruppe?

Wie schon erwähnt, ist die Größe der Zielgruppe für deinen Erfolg ausschlaggebend. Nehmen wir wieder das Beispiel Abnehmen. Laut Weltgesundheitsorganisation (WHO) sind in der Region Europa über 55 Prozent der Frauen übergewichtig. In Deutschland sind 50 Prozent der Frauen übergewichtig. Laut statista.com von 2018 leben somit ca. 41 Millionen Frauen in Deutschland. Bei 50 Prozent wären es dann 20,5 Millionen. Je nach Unternische könnte man das noch weiter herunterbrechen. Aber für's Erste ist somit ganz klar, es gibt genügend Frauen in dieser Zielgruppe.

Zum Vergleich nehme ich jetzt ein Hobby von mir. Ich spiele neben Eishockey auch gerne Inline-Skaterhockey. Inline-Skaterhockey ist artverwandt mit Eishockey und erst seit den achtziger Jahren bei uns bekannt. Im Gegensatz zum Eishockeyspielen statt sechs Spielern nur fünf Spieler pro Team gegeneinander. Es wird auf Asphalt mit Inline Skates gespielt, das Spielfeld ist kleiner und statt Scheibe gibt es einen speziellen orangen Kunststoffball. Ich wollte in dieser Nische mal ein Projekt starten, da es im Bereich Eishockey schon einige erfolgreiche Projekte gibt.

Allerdings hat dann meine Recherche ergeben, dass die Zielgruppe viel zu klein ist und es nur wenige Eishockey-Cracks als Alternative im Sommer spielen. Auch deswegen, weil es im Vergleich zum Eishockey kaum Spielstätten für Inline-Skaterhockey gibt, welche man bei jedem Wetter, das ganze Jahr über spielen kann.

Nischentipp: Ideal wäre eine Evergreen-Nische, die das ganze Jahr über aktuell ist. Obwohl es auch Eishallen gibt, welche das ganze Jahr über bespielbar sind, ist die Nische Eishockey eher im Winter aktuell. Inline-Skaterhockey wäre wiederum eher im Sommer machbar. Da es aber artverwandte Themen sind, wäre eventuell eine Kombination interessant. Somit hätte man das ganze Jahr über Themen und würde auch die Zielgruppe vergrößern. Hinzu kommt, dass man bei dieser Nische auch Zugang zu Eishallen hat, um regelmäßig Videos drehen zu können.

Suchen Menschen proaktiv nach einer Lösung für ihr Problem?

Sucht in deiner Nische kaum jemand nach einer Lösung, dann wirst du online keine Besucher und Kunden erreichen.

Tipp: Für diese Aufgabe würde ich dir gleich empfehlen ein Excel Sheet (Windows), ein Google Tabellen Sheet oder Numbers Sheet (Mac) zu erstellen. Du brauchst das, um die Keywords sowie die Anzahl der Suchanfragen zu notieren. Diese Datei benötigst du im Laufe deines Internet-Marketer-Lebens sowieso regelmäßig.

Ich empfehle dir daher, vor dieser Aufgabe das kostenlose online Training „Keyword Analyse machen" anzuschauen.

Dort erhältst du am Ende des Trainings ein cooles Excel Sheet, welches du genau für diese Aufgabe verwenden kannst. Die Methode, die dir in diesem Training gezeigt wird, wirst du dein ganzes „Online-Marketing-Leben" benötigen.
Hier geht es zur Anmeldung:
www.roland-hamm.com/keyword-analyse-machen

Nach welchen Keywords gesucht wird, verrät dir das „Keyword Suggest Tool" von Google. Du startest einfach google.de und gibst dann dein Hauptkeyword ein. In meiner Nische würde ich mit „sparen" starten. Drücke ich nach „sparen" auf das Leerzeichen, werden mir von Google weitere Keyword-Ideen angezeigt. Diese sind schon nach Anzahl der Aufrufe (Häufigkeit) sortiert. Bei mir wird folgendes angezeigt:

- sparen
- sparen englisch
- **sparen lernen**
- **sparen Tipps**
- **sparen für Kinder**
- sparen österreich
- **sparen Vergleich**
- sparen synonym
- **sparen im Haushalt**

Alle Keywords die zu meiner Nische passen, habe ich Fett markiert und somit in meiner Numbers-Liste notiert, um im zweiten Schritt die Höhe der Suchanfrage zu eruieren.
Google Keyword Suggest Tipp: Wenn du nach dem Wort „sparen" a eintippst, werden dir alle weiteren Top Suchanfragen mit „sparen a" angezeigt. In meinem Fall ist das:

- sparen auf Englisch
- **sparen App**
- **sparen anlegen**
- **sparen aber wie**
- **sparen als Student**
- **sparen Angebote**
- sparen ak
- usw.

Keywords die für mich interessant sind, habe ich wieder Fett markiert und speichere sie in meiner Excel Liste. Dasselbe machst du dann mit „sparen b" „sparen c" usw. Du kannst das ganze Alphabet so durchmachen. Es würde des Weiteren auch gehen, dass du danach „sparen lernen" und das Leerzeichen eingibst. So erhalte ich:

- **sparen lernen App**
- **sparen lernen Tipps**
- **sparen lernen Kinder**
- **sparen lernen Buch**
- **sparen lernen im Alltag**
- **sparen lernen**
- **sparen lernen Forum**
- **sparen lernen Haushalt**
- sparen lernen wikihow
- **geld sparen lernen**

Diese Aufgabe machst du dann mit deinen wichtigsten Hauptkeywords. Ich würde jetzt beispielsweise mit Geld oder Spartipps weiter machen.

Diese Arbeit ist zwar sehr zeitaufwändig. Sie lohnt sich aber auf jeden Fall und entscheidet über Erfolg oder Misserfolg. Zum einen erkennst du sofort, was deine Zielgruppe sucht, zum anderen kannst du daraus Content erstellen. Also Blogartikel, Videos, Reporte, Checklisten oder sogar ein eigenes Produkt. Des Weiteren ist es wichtig sich langfristig auf Nischenkeywords zu konzentrieren. Für diese Keywords sind zwar weniger Suchanfragen vorhanden, dafür gibt es aber auch weniger Konkurrenz. Weniger Konkurrenz bedeutet auch, dass du leichter und schneller Top-Plätze bei Google erreichst. Somit bekommst du sehr schnell hochwertigen Traffic. Nischenkeywords sind oft transaktional, was so viel bedeutet wie, dass Nutzer mit solchen Keywordanfragen eine festgelegte Kaufabsicht haben.

Keywords kannst du in drei verschiedene Suchanfragen Kategorien einteilen. Um von Anfang an die richtigen Nischenkeywords zu finden, möchte ich dir hier kurz diese drei verschiedenen Keyword Suchanfragen Kategorien vorstellen.

Es gibt drei verschiedene Keyword Suchanfragen:

Informationelle Suchanfrage:

Der Besucher sucht nach einer speziellen Information. Er möchte eine Frage beantwortet haben oder ein Problem lösen. In unserem „Geld sparen"-Beispiel wäre das „sparen Tipps" oder „sparen als Student"

Navigationale Suchanfrage:

Der Besucher sucht nach einer bestimmten Unterseite. Er war eventuell schon mal auf einer bestimmten Webseite, wie zum Beispiel auf meiner und weiß, dass ich digitale Produkte verkaufe. Er möchte Affiliate Partner von mir werden und sucht daher nach „Roland Hamm Affiliate Programm", „Roland Hamm Partnerprogramm" oder „Die mehr Geld Strategie Affiliate Programm"

Transaktionelle Suchanfrage:

Hinter einer transaktionellen Suchanfrage steht meistens eine Kaufabsicht oder der Abschluss zu einem Vertrag. Beispiele wären hier: „sparen Vergleich" oder besser sogar „Strom

Vergleich", „sparen lernen Buch" oder um es besser zu verdeutlichen „sparen Buch kaufen", oder in anderen Nischen „rote Stiefel kaufen" oder „Auto günstig mieten".

Wie viele Suchanfragen gibt es?

Wie viele Suchanfragen es für die Suche nach einem Keyword oder besser nach einer Keyword Phrase gibt, kannst du mit dem Google Keyword-Planer (https://adwords.google.de/ keywordplanner) machen. Allerdings brauchst du dazu einen Google Ads-Account. Genaue Zahlen der Suchanfragen erhältst du aber erst, wenn du mit ein paar Euros deine erste Anzeige geschaltet hast. Ansonsten bekommst du nur ungefähre Angaben wie beispielsweise: 10 bis 100, 100 bis 1´000 oder 1´000 bis 10´000 Suchanfragen pro Monat.

Google Keyword Planner:
https://adwords.google.de/keywordplanner

Für einen groben Überblick würde das im ersten Moment reichen, vor allem wenn es mehr als 100 Suchanfragen sind. Ideal sind natürlich mindestens über 1´000 Suchanfragen. Eine genaue Anzahl der Suchanfragen liefern auch folgende kostenlose Tools. Leider sind einige davon auf nur fünf Anfragen pro Tag beschränkt:

„Karma Keyword"-Tool:
https://derdigitaleunternehmer.de/karma-keyword-tool

„Ubersuggest":
https://neilpatel.com/ubersuggest

Hast du also deine Keyword-Liste zusammen, dann solltest du jetzt als nächstes prüfen wie viele Suchanfragen es für die einzelne Keywords gibt. Diese trägst du dann wieder in deiner Liste ein.

Bei dieser Aufgabe geht es in erster Linie darum, herauszufinden wie viele Suchanfragen es für deine Keywords gibt um eine ausreichende Zielgruppe anzusprechen. Wenn du jetzt alle Suchanfragen einer Nische zusammenzählst, dann sollten es mindestens 10'000 Suchanfragen pro Monat sein. Besser wären sogar noch mehr.

Bist du mit deinen Keywords unter 10'000 Suchanfragen, dann würde ich diese Nische nicht wählen, weil sie dann viel zu klein ist.

Tipp: Mit dem kostenlosen Keyword-Tool keyword.io kannst nach Long-Tail-Keywords suchen. Übersetzt bedeutet Long-Tail „langer Schwanz" auch als Rattenschwanz bezeichnet. Long-Tail-Keywords bestehen aus mehreren Keyword-Kombinationen und werden von vielen Usern nicht so oft verwendet, weil sie sehr wenig Suchanfragen haben. Diese Keywords sind in Suchmaschinen nicht so umkämpft. Somit erreichst du mit Longtail-Keywords viel schneller Top-Positionen in Google.

Hier ein Beispiel:
<u>Hauptkeyword:</u> sparen
<u>Long-Tail Keyword:</u> „Geld sparen im Haushalt" oder „Geld sparen beim Einkaufen Lebensmittel"
Das Hauptkeyword „sparen" ist außerdem viel zu allgemein und auf den ersten Blick ist gar nicht zu erkennen, was der User will? Wo oder was möchte er sparen? Möchte er Geld sparen auf einem Sparbuch, sparen für die Rente, beim Einkaufen sparen?

Hier findest du das Long-Tail-Keyword-Tool:
www.keyword.io

Ein weiteres sehr wichtiges Keyword-Tool, welches dir vor allem schon die Fragen und Probleme deiner Zielgruppe liefert, ist "answer the public". Du kannst dieses Tool für fünf Keywordrecherchen pro Tag kostenlos nutzen.

Hier geht's zu "answer the public":
https://answerthepublic.com

Gibt es ausreichend Partnerprogramme in deiner Nische?

Im letzten Schritt der Nischenrecherche, geht es jetzt darum herauszufinden, ob es auch genügend Affiliate-Produkte zu bewerben gibt. Du kannst physische Produkte und digitale Produkte bewerben. Ich persönlich bevorzuge digitale Produkte, weil es hier viel höhere Provisionen gibt. Ideal ist aber eine Kombination aus beiden, da du dadurch immer genügend Produkte zu bewerben hast.

Optimal ist es wenn deine Nische mindestens 15 bis 20 Partnerprogramme hat. Je mehr desto besser.

Auf folgenden Webseiten kannst du nach digitalen Produkten wie eBooks, Videokursen, Software, Mitgliederseiten usw. suchen:

Digistore24:
www.digistore24.com/de/home/marketplace

Affilicon:
https://marktplatz.affilicon.net

Copecart:
www.copecart.com/marketplace

Clickbank:
https://accounts.clickbank.com/marketplace.htm

Tipp:
Notiere dir alle Links zu den Partnerprogrammen in den einzelnen Nischen wieder in einer Excel-Liste. So hast du in Zukunft die Partnerprogramme immer gleich zur Hand und musst nicht nochmals suchen.

Auf der folgenden Webseite kannst du auch nach weiteren Partnerprogrammen suchen:

www.affiliate-marketing.de/partnerprogramme

Über die Suchfunktion „Finde deine Partnerprogramme" gibst du dort deine Hauptnischenkeywords ein und suchst nach weiteren passenden Partnerprogrammen. Diese notierst du dann wieder in deiner Liste. Affiliate-Marketing.de hat aber leider keine vollständige Auflistung von Partnerprogrammen, daher gibt es noch weitere Möglichkeiten.

Ich empfehle dir die Webseite „100 Partnerprogramme". Dort findest du sogar über 10´000 weitere interessante Affiliate-Programme:

www.100partnerprogramme.de

Google Chrome Erweiterung Affilitizer

Für den Google Chrome Browser gibt es eine coole Erweiterung mit dem Namen „Affilitizer". „Affilitizer" hebt Partnerprogramme innerhalb der Google-Suchergebnisseiten und in der Adressleiste hervor. Wenn du also über die Google Suche wieder dein Hauptkeyword eingibst, dann werden Seiten, welche ein Partnerprogramm haben von Affilitizer extra hervorgehoben. Affilitizer zeigt dir dann auch, wo du dich bei diesem Partnerprogramm anmelden kannst.

Wie installierst du „Affilitizer"?

Gib in Google einfach „Affilitizer Google Chrome" ein. Die Erweiterung wird dir dann auf Platz 1 angezeigt. Jetzt musst du diese Erweiterung nur noch mit ein paar Klicks installieren und schon ist „Affilitizer" einsatzbereit.

Das Amazon Partnerprogramm

Bei deiner Partnerprogramm-Recherche kannst du auch das Amazon-Partnerprogramm hinzuzählen. Es gibt dort Produkte für fast jede Nische.

Mehr Infos darüber findest du hier:
https://partnernet.amazon.de

Wichtig: Melde dich noch nicht bei einem Partnerprogramm an! Du wirst bei den meisten Plattformen erst angenommen, wenn du eine eigene Webseite mit Inhalten hast. Melde dich erst an, wenn deine Webseite online ist und mindestens fünf Blogartikel hat, eine über-mich-Seite, ein Impressum sowie eine Datenschutz Seite.

Action Schritt: Recherchiere jetzt deine Nische

Die richtige Nische entscheidet über Erfolg oder Niederlage, daher plane für diese Aufgabe mindestens einen Tag ein, besser wären sogar zwei bis drei Tage.

Am besten schaust du dir vorher das kostenlose Keyword-Analyse-Training (www.roland-hamm.com/keyword-analyse-machen) an. Die Excel-Liste, die du dort als Bonus erhältst, hilft dir außerdem, dass du deine Keywords immer zur Hand hast.
Recherchiere mehrere Nischen und wähle danach drei Nischen aus.

Aus diesen 3 Nischen wählst du dann deine Hauptnische aus. Wahrscheinlich stellst du dir dann die Frage: Welche von den dreien soll ich wählen?

Ich würde die Nische wählen, in der du die größte Leidenschaft empfindest. Du willst dir ja sicher ein Business für die Ewigkeit aufbauen (oder zumindest für die nächsten Jahre) und nicht eines, das dir nach ein paar Wochen keinen Spaß mehr macht.

Voraussetzung für deine Lieblingsnische sind natürlich neben der Leidenschaft die oben erwähnten Punkte wie:

- Es wird in der Nische schon Geld verdient.
- Es ist eine ausreichende Zielgruppe vorhanden.
- Es gibt genügend Suchanfragen (mindestens 10´000, wenn du die Suchergebnisse deiner Hauptkeywords zusammenzählst).
- Mindestens 15 bis 20 Partnerprogramme (besser mehr)
- Du kannst im zweiten Schritt ein digitales Produkt für diese Nische erstellen (Ebook, Videokurs, Software oder Abosystem).

Schritt 3 - Erstelle einen Kundenavatar

Ein Fehler, welchen viele angehende (online) Unternehmer machen ist, mit ihrem Produkt oder ihrer Dienstleistung alle erreichen zu wollen. Das ist aber so, als ob ein Jäger auf der Pirsch ein paar mal mit der Schrotflinte in den Wald schießt und dabei hofft, ein Wildschwein zu treffen. In 99 % der Fälle wird er nichts treffen. Daher muss der Jäger zum einen vorher wissen, was er jagen möchte und zum anderen muss er dann auch genau zielen, um die Jagd erfolgreich zu beenden.

Im Online-Marketing ist es genauso, du musst vorher wissen, welchen Kunden du „jagen möchtest". Denn nur, wenn du deinen Zielkunden genau kennst, kannst du auch den richtigen „Köder" auslegen und so die Kunden für dein Produkt „anlocken".

Was ist ein Kundenavatar?

Ein Kundenavatar ist eine fiktive Person, die deine Zielgruppe darstellt. Es ist dein Wunschkunde. Der Kundenavatar ist wichtig, dass du dein Marketing genau darauf auslegen kannst, außerdem hast du dadurch auch die richtige Ansprache für deine relevante Zielgruppe.

Die meisten Anfänger, die sich im Internet ein Business aufbauen möchten, machen hier den Fehler, dass sie Affiliate-Produkt bzw. ihre eigenen Produkte an alle Menschen verkaufen wollen. Das ist aber leider ein Denkfehler.

Es ist sicherlich wichtig, eine möglichst breite Masse an potentiellen Käufern anzusprechen, doch viel wichtiger ist es, auch die richtige Masse an potentiellen Käufern anzusprechen.

Daher solltest du dir die Frage stellen: *„Wer sind meine potentiellen Personen, die ich erreichen möchte und bei denen ich etwas bewerben und verkaufen will?"*

Wie du deinen Traumkunden identifizierst

Finde und kreiere von Anfang an deinen Traumkunden, indem du dir folgende Fragen stellst:

- Wer ist mein Traumkunde? (Wie sind seine demographischen Daten?)
- Wie heißt er?
- Wie alt ist er?
- Ist es ein Mann oder eine Frau?
- Wie ist seine Lebenssituation?

(Wie ist sein Familienstand? Single, verheiratet oder geschieden? Hat er Kinder und wenn ja, wie viele? Lebt er in der Stadt oder am Land? Wohnt er in einem Haus oder in einer Wohnung? Ist er glücklich? Wie ist sein Gesundheitszustand? usw.)

- Was sind seine drei größten Probleme und Herausforderungen?

(Beispielsweise beim Thema Abnehmen: Die Kleidung passt nicht mehr, jede Bewegung ist anstrengend. Oder bei meinem Thema Geld sparen: Er weiß nicht, wie er die vielen Rechnungen bezahlen soll, die sich bei ihm stapeln.)

- Was würde passieren, wenn er keine Lösung für sein Problem findet?

(Was würde er am Sterbebett denken, wenn er sein Problem nicht gelöst hätte?)

- Wie fühlt sich der Kunde?

(Gerade Gefühle sind ein wichtiger Punkt, Beispiel Thema Geld: Er hat Angst, dass das Geld nicht ausreicht und er seine Rechnungen nicht mehr bezahlen kann)

- Was sind die persönlichen Konsequenzen (Lifestyle), wenn er seine Probleme nicht löst?

(Beispiel Abnehmen: Der Kunde wird zuckerkrank, kann sich kaum noch bewegen oder stirbt an Herzinfarkt.)

- Was sind die finanziellen Konsequenzen?
- Was sind seine geheimen Ängste?

(Was passiert, wenn er so weitermacht und nichts ändert? Ein Großteil der Menschen will Schmerz vermeiden!)

- Was sind seine Interessen?
- Was begeistert den Traumkunden?

(Was ist seine Leidenschaft? Hobby?)

- Was sind seine Ziele, Wünsche und Träume?
- Was ist das Bestmögliche (perfekter Zustand), was passieren kann, wenn der Kunde sein Problem gelöst hat?

Damit dein Wunschkunde als komplettes Bild in deinem Kopf entsteht, gib ihm einen Namen und auch ein Bild. Drucke dir dazu ein passendes Portraitfoto aus dem Internet aus.
Vielleicht findest du diese Aufgabe jetzt lächerlich? Aber wenn du mit deinem Onlinebusiness erfolgreich sein möchtest, dann musst du auch deine Zielgruppe ganz genau kennen.
Hast du deinen Traumkunden geschaffen, dann überlege dir, wo du diesen anfindest.
Auch hier habe ich für dich ein paar Fragen vorbereitet.

- Wo findest du deinen Traumkunden?
- Auf welchen Webseiten sind deine Wunschkunden online?

- Welche Blogs lesen sie?
- Welche Sozialen Netzwerke nutzen sie? (Facebook, Xing, Linkedin, Twitter, Instagram, Snapchat, TikTok, Youtube, Pinterest, Reddit usw.)
- Sind sie in speziellen Social-Media-Gruppen?
- Welche Newsletter haben sie abonniert?
- Welche Zeitungen, Zeitschriften und Bücher lesen sie?
- Welche Hobbys und Interessen haben sie?
- Machen sie Sport?

Action Schritt: Erstelle jetzt einen Kundenavatar

Beantworte jetzt alle Fragen zum Thema „Wie du deinen Traumkunden identifizierst" und kreiere so deinen Kundenavatar. Um deinen Traumkunden besser kennenzulernen kannst du außerdem das Facebook-Insights-Tool nutzen: www.facebook.com/ads/audience-insights

Schreibe eine Mini-Biographie über deinen Wunschkunden. Gib deinem Wunschkunden unbedingt einen Namen und drucke dir dazu auch das passende Portraitfoto aus dem Internet aus. Hänge es am besten neben deinem Computer Arbeitsplatz auf.
Beantworte auch die Fragen zum Thema „Wo findest du deinen Traumkunden?" Dieser Punkt ist wichtig, sodass du dann in Zukunft auch die richtige Traffic-Strategie anwendest.

Beachte: Sprich deinen Traumkunden immer persönlich und in der Einzahl an. So wie du einem Freund etwas schreiben möchtest. Also nicht mit „Hallo Leute" sondern

- Hallo mein Freund
- Hallo Klaus
- Lieber Unternehmer
- usw.

Schritt 4 - Deine Webseite entsteht

Als Nächstes erstellst du jetzt deine eigene Webseite. Hier darfst du auf gar keinen Fall am falschen Platz sparen und auf kostenlose Lösungen zurückgreifen. Zum einen bist du hier, wie schon erwähnt, sehr stark eingeschränkt und zum anderen wird eventuell Werbung auf deiner Webseite geschaltet, dass sich für den Betreiber die kostenlose Lösung auch refinanziert.

Mit der Zeit wird deine Webseite auch immer umfangreicher. Wenn du dann später auf eine kostenpflichtige Lösung umsteigen möchtest, musst du alles nochmals „händisch" aufsetzen. Das ist sehr aufwändig und kostet dich enorm viel Zeit.

Dasselbe gilt für Webseiten-Baukästen. Ein Webseiten- oder auch Hompage-Baukasten genannt, ist eine fertige Webseitenlösung. Diese sind sehr einfach zu bedienen. Leider sind aber die Funktionen und das Design meist sehr eingeschränkt. Ein späterer Umzug auf eine andere Lösung ist sehr aufwändig.

Im Endeffekt baust du mit beiden Lösungen ein Business auf gepachteten Grund. Daher kommt für mich auch nur eine Lösung in Frage und die heißt WordPress.

WordPress ist ein kostenloses Content-Management-System, kurz CMS, mit dem du eine Webseite oder einen Blog erstellen kannst. Alles, was du dazu benötigst, ist ein Hostinganbieter und eine eigene Domain. Da WordPress mit einer grafischen Oberfläche arbeitet, brauchst du dazu keine technischen Kenntnisse. Es ist für Anwender entwickelt worden und daher auch bestens für Anfänger geeignet.

Was du für die Installation einer Webseite benötigst

Zuerst brauchst du einen Hostinganbieter. Dieser stellt dir den Webspace zur Verfügung und auch einen Domainnamen. Auf dem Webspace installierst du WordPress. Die Domain ist der Name, unter dem deine Webseite gefunden wird.

Ich verwende schon seit mehreren Jahren den deutschen Hostinganbieter All-Inkl. Er hat ein sehr gutes Preis-Leistungsverhältnis und einen erstklassigen 24h Support. Gerade der Support ist sehr wichtig, denn sollte deine Website mal offline sein, dann kann dir ein Support, der rund um die Uhr erreichbar ist sehr schnell helfen.

Ich hatte mal einen Hostinganbieter, der hatte am Abend und am Wochenende keinen Support. An einem Freitagnachmittag bekam ich eine Nachricht, dass meine Webseite offline genommen worden war, weil sie einen Fehler am Webserver verursacht hatte. Da der Support erst am Montag zu Mittag erreichbar war und erst dann das Problem gelöst hatte, war meine Webseite das ganze Wochenende offline.

Eine Webseite, die offline ist, verdient kein Geld. Das ist so, als ob am Freitag die Eingangstüren deines Ladens zu gehen und erst wieder am Montag öffnen.

Ich empfehle dir deshalb zum Start das Hostingpaket „All-Ink PrivatPlus". Du erhältst fünf kostenlose Domains und kannst dein erstes Webprojekt so zukunftssicher umsetzen. Wie du bei All-Inkl einen Account erstellst und die ersten drei Monate gratis bekommst, erfährst du im Bonusbereich meines Online-Portals. Dort zeige ich dir auch, wie du danach deine Webseite installierst. (www.roland-hamm.com/bonus)

Nachdem du dich für einen Hostinganbieter entschieden hast, geht es um die Wahl der richtigen Domain.

Die Wahl der richtigen Domain

Welche Domain ist die Richtige? Das ist eine sehr häufig gestellte Frage und kann pauschal nicht gleich beantwortet werden. Es kommt immer darauf an, in welcher Nische du unterwegs bist.

Du hast die Wahl einen Kunstnamen (Markennamen), deinen eigenen Namen oder eine Kombination aus mehreren Keywords als Domainnamen zu wählen.

Das Wichtigste ist natürlich, dass man sich den Domainnamen leicht merken kann. Ich persönlich verwende als Domainnamen meinen Namen und Keywords.

Welche Top-Level-Domain soll ich wählen?

Der letzte Teil einer Domain wird als Top-Level-Domain oder auch Domainendung bezeichnet. Bei meiner Webseite www.roland-hamm.com ist der Top-Level-Domainname somit „com".

Mittlerweile gibt es hunderte von verschiedenen Domainendungen. Die Bekanntesten sind diese:

.at (für Österreich)
.de (für Deutschland)
.ch (für die Schweiz)
.com (International)
.info
.org
.net
.eu
.co

Jetzt kommt es natürlich drauf an, welche Zielgruppe du ansprichst. Hast du Produkte oder eine Dienstleistung, die du nur regional anbietest, dann würde ich deine Länderdomainendung verwenden. Bist du international tätig, dann würde ich eine .com Domain nehmen. Ich bevorzuge hauptsächlich .coms als Top-Level-Domains. Es ist aber natürlich auch entscheidend, ob die Kombination deines Namens (Keywords) mit der Domainendung noch zu haben ist.

4 Tipps, was du bei der Domainwahl beachten solltest

1. Merkbar und so einfach wie möglich

Ein Domainname sollte so einfach wie möglich und vor auch allem merkbar sein. Einen Fantasienamen wie beispielsweise Google kannst du nur mit einem riesigen Marketing Budget in den Markt einführen. Der Name ist heutzutage jedem bekannt, aber hättest du 1999 Google gehört, hättest du wahrscheinlich gugel.com eingegeben und geglaubt es handle sich um einen Gugelhupf.
Ich würde daher nicht mehr als zwei maximal drei Wörter in der Domain wählen. Am besten aussagekräftige Keywords. Für das Suchmaschinen-Ranking ist das zwar nicht mehr relevant, im Gegensatz zu vor ein paar Jahren, dafür sagt solch eine Domain dem User gleich, worum es geht.
Beispielsweise lauten zwei meiner Domains www.heiratsantrag-ideen.com oder www.sparen-im-haushalt.eu

2. Keine Umlaute, Sonderzeichen und Zahlen

Rein technisch stellen Zahlen im Domainnamen keine Probleme dar. Ganz anders ist es jedoch bei Sonderzeichen und Umlauten, hier kann es eventuell je nach Browserversion oder Email-Programm zu Problemen kommen. Aber auch die Installation der WordPress-Seite oder spezieller Domains könnte Probleme machen. Generell würde ich daher davon abraten Sonderzeichen und Umlaute zu verwenden.
Obwohl ich auch die eine oder andere Domain mit der Zahl 24 habe, würde ich auch Zahlen vermeiden. Wörter kann man sich einfacher merken als Zahlen, außerdem können Zahlen verwirren. Es ist oft nicht klar, ob die Zahl in der Domain als Ziffer oder mit Buchstaben geschrieben wird.

3. Mit oder ohne Bindestrich?

In den USA sind nur 5% aller .com Domains mit Bindestrich geschrieben. Ganz anders ist es in Österreich, Deutschland und der Schweiz. Hier haben die Hälfte der Domains einen Bindestrich. Ich selbst bevorzuge es mit Bindestrich, habe aber teilweise auch die Variante ohne Bindestrich registriert. Ich verwende diese Domains dann für meinen Memberbereich oder als Versandadresse meiner Emails. So habe ich zum Beispiel www.roland-hamm.com und www.rolandhamm.com in Verwendung.

4. Vermeide Markennamen in der Domain

Es kann sehr teuer werden, wenn du einen Markennamen in der Domain verwendest. Markeninhaber sehen es nicht gerne, wenn du ihre teuer aufgebaute Marke zu Geld machen möchtest. Wenn du beispielsweise eine Nischenwebseite für Luxusuhren betreiben möchtest, dann ist es besser einen Domainnamen wie luxus-uhren.com zu wählen als rolex-uhren.com

Wie du in 5 Minuten eine Webseite erstellst

Es gibt zwei Möglichkeiten, wie du WordPress installieren kannst. Möglichkeit eins besteht darin, die 1-Klick-Installation des Hosting Anbieters zu nutzen. Mittlerweile funktioniert das bei den meisten Hosting-Anbietern.
Möglichkeit zwei ist, WordPress „händisch" zu installieren. Dies ist zwar etwas aufwändiger, dafür aber auch der bessere und sicherere Weg. Mit dieser Möglichkeit lernst du außerdem wichtige Grundlagen über das System kennen und verstehst sofort, wie die Zusammenhänge sind. Daher ist meine klare Empfehlung für dich, WordPress „händisch" zu installieren.
Es würde jetzt den Rahmen sprengen, dir genau zu erklären, wie du eine Webseite mit WordPress erstellst. Die meisten Kurse, die ich in diesem Buch empfehle, erklären dir das Ganze Schritt für Schritt per Video.

Du kannst natürlich auch auf Youtube gehen und „WordPress 5 Minuten Installation" eingeben. Da findest du sehr viele gute Videos darüber. Aber auch im kostenlosen Online-Portal (www.roland-hamm.com/bonus) zeige ich dir, wie du Word-Press installierst.

Diese WordPress Plugins solltest du installieren

Wordpress bietet eine Menge kostenlose und kostenpflichtige Erweiterungen, sogenannte Plugins an. Es gibt für fast alles ein Plugin. Der Nachteil ist aber je mehr Plugins du verwendest, desto langsamer wird deine WordPress-Webseite. Daher ist hier weniger oft mehr. Ein Plugin kannst du ganz einfach über den Menüpunkt „Plugins" und „installieren" hinzufügen.

Ich würde dir am Anfang folgende wichtige Plugins empfehlen, welche du im WordPress-Plugin-Verzeichnis findest:

- Antispam Bee
- Contact Form 7
- Duplicator
- iThemes Security
- Pretty Links
- Yoast SEO
- Cookie Notice for GDPR & CCPA
- Table of Contents Plus

Antispam Bee

Dieses Plugin ist ein Spam Schutz für deine Blog-Kommentare.

Contact Form 7

Damit kannst du ein Kontaktformular erstellen, sodass Besucher deiner Webseite dir eine Nachricht schicken können.

Duplicator

Duplicator ist ein Backup Plugin, mit dem du mit ein paar Klicks deine Webseite sichern kannst. Dieses Plugin ist die „Lebensversicherung" deiner Webseite.

iThemes Security

Ist ein Sicherheits-Plugin, um deine WordPress Seite besser vor Hackern zu schützen.

Pretty Links

Das ist ein Link Shortener, mit dem du deine Affiliate-Links verschönern und kürzen kannst.

Yoast SEO

Ein wichtiges Suchmaschinen-Optimierungs-Plugin. Es hilft dir außerdem auch deine Blogtexte zu optimieren.

Wie du diese Plugins konfigurierst erfährst du am besten auf YouTube. Gib dort einfach Folgendes ins Suchfeld ein:

„Yoast SEO konfigurieren deutsch"

oder

„Pretty Link Anleitung deutsch"

usw.

Cookie Notice for GDPR & CCPA

Cookie-Benachrichtigung für den Webseitenbesucher und für die Einhaltung des GDPR-Cookie-Gesetzes der EU und der CCPA-Bestimmungen.

Table of Contents Plus

Erstellt automatisch ein Inhaltsverzeichnis für deine Blogartikel.

Die Kosten deiner WordPress Webseite

Je nachdem für welchen Anbieter du dich entscheidest und ob du monatlich oder jährlich bezahlen möchtest, kostet dich eine WordPress-Webseite samt Domain ca. 80 bis 100 Euro pro Jahr. Diese „Webseiten Miete" kannst du mit einer „Ladenmiete" vergleichen, wobei deine „Webseiten Miete" nur einen Bruchteil davon ausmacht.

Warum ich das erwähne?

Dass du verstehst, warum du auch bei einem Onlinebusiness Geld investieren musst. Im Vergleich zu einem traditionellen„offline"-Business sind die Kosten dafür aber ein Klacks. Außerdem hast du ohne eine eigene Webseite kein eigenes Onlinebusiness. Deine Website ist zu 100 % dein Business und du hast vor allem zu 100 % die Kontrolle. Bist du mit dem Provider nicht zufrieden, dann lässt sich ein Umzug einer WordPress-Webseite mit wenigen Klicks durchführen.

Action Schritt: Erstelle deine Webseite

Erarbeite dir jetzt deinen Domain-Namen, diesen brauchst du bei der Anmeldung beim Hostinganbieter. Erstelle danach zum Beispiel beim Hosting Anbieter All-Inkl einen PrivatPlus-Account und profitiere vom 3-Monats-Testangebot.
Installiere dann WordPress „händisch" auf dem Webspace und mache dich mit WordPress vertraut.
Installiere folgende Plugins: Antispam Bee, Contact Form 7, Duplicator, iThemes Security, Pretty Links, Yoast SEO, Cookie

Notice for GDPR & CCPA, Table of Contents Plus und konfiguriere sie. Schaue dir dazu YouTube Videoanleitungen an.
Damit deine Webseite schneller wird, vor allem für mobile Endgeräte, empfehle ich dir noch ein Caching-Plugin wie beispielsweise WP Rocket. Dieses ist kostenpflichtig und in der jetzigen Phase noch nicht notwendig. Du kannst es dir im Laufe der Zeit mit den ersten Einnahmen kaufen. Ich wollte es hier aber als Ergänzung noch erwähnen.

Tipp: Im Online-Portal zeige ich dir Schritt für Schritt, wie du bei All-Inkl einen Account anlegst, die ersten 3 Monate kostenlos erhältst und danach WordPress installierst.

Schritt 5 - Erstelle deinen ersten Content

Nachdem du WordPress installiert und dich ein wenig damit vertraut gemacht hast, geht es an die Content-Erstellung. Als Content wird der Inhalt deiner Webseite bezeichnet.

Content ist King!

Der Content also der Inhalt einer Webseite ist das A und O und entscheidet über Erfolg oder Misserfolg. Du kannst das beste und schönste Design haben und viele tolle Bilder auf deiner Webseite platzieren, sind deine Texte aber nicht gut genug, werden die Besucher deine Seite wieder verlassen. Deine Inhalte müssen daher einen Mehrwert bieten. Wie du den perfekten Blogartikel schreibst, verrate ich dir gleich. Zuvor schauen wir uns noch an, welche Seiten deine Webseite haben sollte.

Das sind die wichtigsten Seiten

Impressum und Datenschutzerklärung

Jede Webseite braucht ein Impressum und eine Datenschutz Seite. Auf der Impressum Seite, steht dein Name, deine Adresse, Email-Adresse und Telefonnummer. Auf deiner Datenschutz Seite, befindet sich deine Datenschutzerklärung.

Da ich kein Rechtsanwalt bin, kann ich dir hier auch keine Rechtstexte zur Verfügung stellen. Ich verwende dazu schon lange den Impressum und Datenschutz Generator von e-Recht.

Mehr darüber erfährst du hier:
www.roland-hamm.com/erecht

Kontaktseite

Als Nächstes empfehle ich dir, ein eigenes Kontaktformular zu erstellen. Über ein Kontaktformular können dir Besucher eine Nachricht schicken. Ich halte es dabei sehr einfach und verwende das WordPress Plugin Fast secure Contact Form. Wie meine Kontaktseite aussieht, erfährst du hier:

www.roland-hamm.com/kontakt

Über mich Seite - Brande dich

Schreibe unbedingt ein „Über mich" von dir, sodass dich deine Besucher besser kennenlernen. Warum betreibst du deinen Blog? Was sind deine Hobbys? Was machst du derzeit beruflich? Platziere außerdem Bilder von dir, das schafft vertrauen.

Wie so eine Seite aussehen kann, zeige ich dir anhand meiner „Über mich" Seite:

www.roland-hamm.com/ueber-mich

Tipp: Ich werde immer gefragt, welches Blog-Theme man verwenden sollte?

Hier habe ich eine ganz klare Antwort: Du möchtest mit deiner Webseite Geld verdienen. Also sollte dein Blogdesign sehr übersichtlich und auch für Marketing geeignet sein. Es ist das Aushängeschild, genau wie bei einem Laden. Mir ist schon klar, dass du gerade am Anfang so wenig Geld wie möglich ausgeben möchtest, aber hier sparst du am falschen Platz. Als ich 2008 zu bloggen begonnen habe, gab es wenige gute Marketing-Themes. Ich kann mich noch gut daran erinnern, dass ich Tage damit verbracht habe ein geeignetes Theme zu finden. Diese Zeit kannst du dir sparen, denn meiner Meinung nach sind die derzeit besten Marketing-Themes:

* OptimizePress
* Thrive Themes

Mein persönlicher Favorit ist OptimizePress. Auf meinem „Geld sparen"- Blog verwende ich aber auch Thrive Themes. Thrive hat ein wenig die Nase vorn, weil du zahlreiche Marketing Plugins dazu bekommst. Daher empfehle ich dir, Thrive Themes zu verwenden. Im Online-Portal zeige ich dir außerdem die Unterschiede zwischen den beiden Marketing-Themes.

7 Tipps über welche Themen du im Blog schreiben kannst?

Gerade am Anfang wirst du dir die Frage stellen: „Welche Artikel soll ich schreiben?" Deshalb möchte ich dir sieben Tipps für deine ersten Blogartikel geben. Wenn du dich in deiner Nische schon gut auskennst, dann wirst du sicher wissen, welche Probleme deine Zielgruppe hat. Daher kannst du als erstes einen Artikel schreiben, der ein bestimmtes Problem löst.

Tipp:
Sehr hilfreich ist die Webseite https://answerthepublic.com, die ich schon bei der Keyword-Recherche erwähnt habe. Auf dieser Seite kannst du erforschen was Leute fragen, wenn sie im Internet eine Suchanfrage starten. Gib dort dein wichtigstes Keyword in die Suchanfrage ein. Stelle dann auf Germany und Deutsch um und starte mit dem Drücken des Buttons "Search" deine Suchanfrage. Danach bekommst du in wenigen Sekunden eine Auswertung sämtlicher Fragen. Diese Fragen kannst du dann in einem Blogartikel beantworten.

Im kostenlosen Keyword Analyse Seminar, welches ich im Laufe des Buches schon mehrmals erwähnt hatte, wird dir die Funktionsweise von „answer the public" ganz gut erklärt.

1. Finde ein Problem und löse es

Im Prinzip sollte jeder Artikel in deinem Blog ein Problem lösen. Außerdem ist es wichtig, dass jeder Artikel auch einen Mehrwert hat. Nur dann wird er auch bis zum Ende gelesen.
Auch wenn einige „ Online-Marketing-Gurus" empfehlen, Blog Artikel schreiben zu lassen, um Zeit zu sparen, halte ich persönlich nicht viel davon. Diese Artikel sind meist sehr oberflächlich und zu allgemein gehalten. Du merkst sofort, ob jemand in dem Thema drin ist oder ob er sich den Artikel nur zusammenrecherchiert hat.
Wieso ich das weiß? In den letzten zehn Jahren haben mir die verschiedensten Agenturen für meine Nischenseiten Blogartikel geliefert. Vieles davon war so oberflächlich, dass ich dann

selbst noch einige Stunden gesessen bin, um aus dem Artikel einen echten Mehrwert zu machen. Einige „Texter" waren sogar so dreist, dass sie die Artikel einfach von einer Webseite kopiert haben und nur ein paar Wörter verändert hatten.

Eine fremde Person wird nie deinen Schreibstil treffen und so werden deine Leser mit der Zeit auch erkennen, ob du oder jemand anderes den Artikel geschrieben hat. Schreiben gehört zum Onlinebusiness einfach dazu. Gerade im Bereich Email-Marketing musst du früher oder später schreiben können. Und, wenn du deine eigenen Artikel schreibst, dann wirst du mit der Zeit immer besser.

Tipp: Bevor du einen Artikel veröffentlichst, lasse zumindest die Rechtschreibkorrektur drüber laufen. Besser ist es, wenn du jemanden den Text kurz drüberlesen lässt. Zumindest lasse ich bei meinen Artikeln nochmals meine Frau drüberschauen. Das verringert die Rechtschreibfehler.

… und wer einen Rechtschreibfehler findet, der darf ihn gerne als „Trophäe" behalten.

Aber zurück zum Thema „löse ein Problem". Ich möchte dir hier zwei Beispiele geben:

„Warum du am Ende des Geldes noch Monat übrig hast und was du dagegen tun kannst"

oder

„Warum Diäten nicht funktionieren und was du tun musst, dass du in Zukunft schlank bist und bleibst"

Also welche Probleme kannst du mit deinem Artikel lösen?

2. „Wie du" Blogartikel

„Wie du" ist nicht nur eine sehr gute Einleitung für eine Überschrift, sie zeigt dem Leser auch sofort, um was es geht. Er fühlt sich außerdem direkt angesprochen, weil er erfährt, wie er was machen muss. Auch hier möchte ich dir ein paar Beispiele zeigen:

„Wie du in 15 Minuten die wichtigsten Infos aus einem Sachbuch erhältst"

www.roland-hamm.com/blinkist-erfahrungen

Dieser Artikel ist gleichzeitig auch ein „Review Artikel". Was das ist erkläre ich dir gleich.

oder

„Wie du dich von negativen Nachrichten befreist und jeden Monat 30 Euro sparst"

www.sparen-im-haushalt.eu/negative-nachrichten

oder

„Wie du in 30 Tagen abnimmst, ohne zu hungern"

3. Eine Artikelserie schreiben

Als ich 2008 mit dem Bloggen gestartet bin, hab ich mit Artikelserien angefangen. Eine meiner ersten Serien hatte den Titel: „Wein kaufen - Insiderwissen wie und wo man gute, aber günstige Weine kauft". Dieser Artikel war die Einleitung und danach habe ich in insgesamt sieben Artikel verraten, wie und wo man günstig Wein einkaufen kann und welche Weinverkaufstricks es gibt, um nicht aufs Glatteis geführt zu werden.

Eine Artikelserie kann auch eine Schritt-für-Schritt-Anleitung sein:

„4 Schritte wie du deinen Computer schneller machst"

oder

„Schritt-für-Schritt abnehmen (Artikelserie)"

4. Case-Study (Fallstudie) erstellen

Bei einer Case-Study kannst du den Start deines Projektes dokumentieren und die Fortschritte zeigen. Wenn du beispielsweise in der Nische Abnehmen bist, dann könntest du dokumentieren, mit welcher Methode du abnimmst und wie dein wöchentlicher Fortschritt ist. Somit hast du immer „Content Futter" für deinen Blog. Der große Vorteil dabei? So eine Case-Study kannst du danach als Ebook verkaufen.
Wenn du zum Beispiel Fitness Trainer bist, dann könntest du ein paar Klienten über mehrere Monate begleiten und deren Fortschritte präsentieren. Somit erzeugst du außerdem nebenbei Testimonials, also Kundenerfolge. Damit ein Kunde bei einer Case- Study mitmacht, musst du ihm einfach ein unschlagbares Angebot machen. Entweder gibst du ihm Rabatt oder besser noch einen Bonus, den andere Kunden so nicht

erhalten würden. Wöchentliche persönliche Betreuung per Skype oder Zoom zum Beispiel.

Wichtig dabei ist, dass du vorher mit deinem Kunden auch einen schriftlichen Vertrag machst, sodass du dann Fotos, Videos und Texte von ihm verwenden darfst.

So könnte ein Artikel für eine Case-Study aussehen:

„Online-Geld-verdienen-Challenge 2020 mit Case-Study 1/52"

www.roland-hamm.com/verdienen-challenge

oder

„Smart abnehmen mit der A.L.E.X. Methode - So nimmst du schneller ab und hältst auch locker durch (+ Case-Study)"

oder

„So baust du dir in 52 Wochen eine neue Einkommensquelle über das Internet auf (+ Case-Study)"

5. Review Artikel - Erfahrungsbericht

Erfahrungsberichte sind meine Lieblingsartikel. Ich persönlich bewerbe nur noch Produkte, von denen ich selbst überzeugt bin. Daher besorge ich mir vorher das Produkt, welches ich bewerbe. Somit sehe ich auch gleich wie der Verkaufsprozess (Sales-Funnel) abläuft.

Dann teste ich das Produkt und wenn es gut ist, erstelle ich meinen persönlichen Erfahrungsbericht. Dieser sollte immer ehrlich sein und auch die Punkte ansprechen, die du eventuell nicht so gut findest.

Kannst du die fehlenden Punkte ergänzen, dann erwähne im Artikel, dass, wenn der User das Produkt über dich bestellt, er deine Ergänzung (deinen Bonus) kostenlos dazu erhält. Im Artikel musst du natürlich auch den Affiliate-Link des Produktes prominent bewerben. Übertreibe es dabei aber nicht, zwei bis drei Links sind meist ausreichend. Ein Link am Anfang des Artikels, einer in der Mitte und vor allem ein Link am Ende mit der Aufforderung zum Handeln: Jetzt Produkt XY hier bestellen (klicken)!

Fast jedes Produkt eignet sich für ein Review. Es muss einfach zu deiner Nische passen. Ich persönlich bevorzuge hier digitale Produkte und Bücher. Sollte mir ein Produkt nicht zusagen, dann schreibe ich darüber nichts. Auch keinen negativen Bericht, ich bleibe lieber auf der positiven Schiene. Es bringt ja nichts, über was zu schreiben, womit du dann zwar Traffic generierst, aber nichts dazu zu verkaufen hast.

Klar könntest du ein besseres Produkt als Alternative anbieten. Oder einen Vergleich machen, aber gerade am Anfang würde ich das nicht empfehlen. Das kann sich nämlich auch negativ auswirken. Ein Kollege von mir hat einmal ein Review-Video über ein sehr schlechtes Produkt gemacht und wurde dann vom Zahlungsanbieter aufgefordert das Video wieder zu entfernen. Im schlimmsten Fall hätte er keine Produkte mehr vom Marktplatz des Zahlungsanbieters anbieten dürfen und somit wäre ihm eine große Einkommensquelle weggebrochen.

Besser ist es den Produkthersteller anzuschreiben und ein ehrliches und sachliches Feedback über das Produkt zu schreiben. Es kann sein, dass er dann die Qualität des Produktes verbessert.

Wie kann so ein Blogartikel ausschauen?

„Produktname Erfahrungen" daraus wurde:

„[Erfahrungsbericht] Vip Affiliate Club 3.0 nach 10 Wochen"

www.roland-hamm.com/vip-affiliate-club-testbericht

oder

„Das erfolgreichste Geldbuch der Welt „Der Weg zur finanziellen Freiheit" von Bodo Schäfer"

www.sparen-im-haushalt.eu/erfolgreichstes-geldbuch

oder

„Meine Erfahrung mit Produkt xy"

oder

„Produkt xy - Testbericht"

Klar ist das Schreiben eines Review-Artikels viel Arbeit und vor allem musst du ja vorher Geld ausgeben und das Produkt kaufen. Aber diese Sache lohnt sich. Zum einen lernst du wieder etwas Neues dazu und zum anderen kann dir so einen

Artikel im Laufe der Zeit mehrere tausend Euro an Provisionen einbringen.

6. Ein Interview machen

Sicherlich kennst du in deiner Nische auch einige Experten. Diese könntest du Interviewen und daraus einen Blogartikel machen. Entweder du schickst dem Experten nach einem persönlichen Gespräch die Fragen oder noch besser du machst mit ihm einen Video Call. Wenn du das Interview über einen Zoom- oder Skype-Call machst, dann zeichne es auf. Somit hast du zusätzlich ein Video, aus dem du auch noch ein Hörbuch machen kannst. Somit schlägst du gleich drei Fliegen mit einer Klatsche.

Hier einige Beispiele, welche ich selbst gemacht habe:

„Geldblockaden lösen - Interview mit Christine Hofmann"

www.roland-hamm.com/podcast-58

oder

„Krisensicher Geld verdienen - Interview mit Wolfgang Mayr"

www.roland-hamm.com/podcast-59

7. Eine Checkliste schreiben

Sehr beliebt sind auch Checklisten. Aus einer Checkliste kannst du außerdem eine PDF-Datei erstellen und diese dann als Leadmagnet anbieten.

Ich habe dazu vor einiger Zeit folgende Checkliste erstellt:

„Traffic Explosion - Die 21 besten Traffic-Quellen"

www.roland-hamm.com/die-21-besten-traffic-quellen

oder in einer ganz anderen Nische von uns:

„Checkliste Hochzeit - Damit planst du stressfrei deinen schönsten Tag"

www.hochzeitsplanung24.com/checkliste

Natürlich gibt es noch viel mehr Möglichkeiten und darüber könnte ich ein eigenes Buch schreiben. Im ersten Schritt geht es einfach nur darum, deine ersten fünf Blogartikel zu erstellen. Schaue dir gerne auch meine Blogartikel dazu an. Aber kopiere sie bitte nicht, denn auch meine Texte unterliegen dem Copyright. Nimm sie einfach als Inspiration für deine Nische.

10 Tipps wie du einen perfekten Blogartikel schreibst

Jetzt möchte ich dir zehn Tipps geben, wie du den perfekten Blogartikel schreibst. Keine Angst, du musst kein Schriftsteller werden, um gute Texte zu schreiben. Vor allem, wenn du in einer Nische bist, in der du dich auskennst, wird dir das Schreiben mit der Zeit immer leichter fallen. Übung macht ja bekanntlich den Meister!

1. Wirf deine Selbstzweifel über Board

Hilfe! Ich kann nicht schreiben!

Das dachte ich mir als ich 2008 mit dem Bloggen gestartet bin. Deutsch war in der Schule ja nicht gerade meine Stärke. Wenn ich ehrlich bin, habe ich dieses Fach gehasst wie die Pest. Jetzt sollte ich auf einmal zum „Blog-Autor" werden? Damals habe ich in meiner Blogger-Ausbildung folgendes gelernt:

Schreibe einfach und kurze Sätze. Am besten nimmst du dir gute Blogartikel in deiner Nische als Vorlage und dann schreibst du diese komplett um. Kein Satz darf dabei irgendwie ähnlich sein. Mit dieser Methode wirst du dann immer besser. Denn wie heißt es so schön „learning by doing".

Wirf deine Selbstzweifel über Bord und fange einfach an. Je mehr du schreibst, desto besser wirst du. Du schreibst hier keine Matura und es ist auch kein Rechtschreibwettbewerb. Wer einen Fehler findet darf diesen gerne behalten. Lasse einfach die Rechtschreibprüfung deines Schreibprogramms drüberlaufen und deine Texte nochmals von jemanden korrekturlesen.

2. Sei du selbst

Schreibe so wie dir der Schnabel gewachsen ist und verstelle dich nicht. Leute mögen keine glattgebügelten Persönlichkeiten, sondern Leute mit Ecken und Kanten, die ehrlich sind, Fehler haben und auch mal polarisieren. Du kannst es sowieso keinem recht machen, also kannst du auch mal schreiben, was du dir denkst. Sei dabei aber immer authentisch, ehrlich und verbiege dich nicht. Nicht jeder wird dich lieben!

Dein Blog deine Regeln!

Tipp: Sei stets freundlich, vor allem bei negativen Blog-Kommentaren. Antworte immer höflich darauf. Ich persönlich habe meine Blog-Kommentarfunktion so eingestellt, dass ich jeden Kommentar vor dem Veröffentlichen manuell freischalten muss. Das kann ich dir auch empfehlen.

So aktivierst du diese Funktion: Logge dich im Backoffice von WordPress ein. Dann klicke auf den Menüpunkt „Einstellungen" und „Diskussion". Scrolle ein wenig runter auf den Punkt: „Bevor ein Kommentar erscheint". Dort sollte dann ein Haken gesetzt werden bei „muss der Kommentar manuell freigegeben werden". Nimm den Haken beim Punkt, „muss der Autor bereits einen freigegebenen Kommentar geschrieben haben", weg.

3. Brande dich

Erstelle ein Logo und platziere unbedingt Bilder von dir auf deinem Blog. Das schafft vertrauen beim Leser und dein Blog wird so viel persönlicher. Hast du ein cooles Motto? Dann platziere es. Eine kleine „über mich"-Box mit Foto in der Sidebar von WordPress macht sofort einen seriösen Eindruck. Es ist auch wichtig, dass du ein übersichtliches Theme verwendest. Weniger ist oft mehr und der Fokus liegt ja darauf im ersten Moment vertrauen aufzubauen und im zweiten Moment dann Leads zu generieren. Top-Unternehmen wie Google, Amazon oder Apple haben auch nur sehr schlichte

Designs. Daher überlade deine Seite nicht, vor allem nicht mit Werbebannern.

Der erste Eindruck zählt! Wenn die Leute auf deine Seite kommen und von Werbung erschlagen werden, sind sie so schnell wieder weg, wie sie gekommen sind. Stelle dir vor, du gehst in einen Laden zum Einkaufen und im Abstand von einem Meter steht ein Verkäufer und drückt dir einen anderen Werbeflyern in die Hand. Wie lange würdest du in diesem Laden bleiben?

4. So ist der perfekte Blogpost aufgebaut

Folgende Kriterien sollte jeder deiner Blogposts haben:

- Eine starke Überschrift (Headline)
- Eine Einleitung
- Den Textteil mit Zwischenüberschriften und unterstützenden Bildern
- Eine Zusammenfassung (Fazit)
- Handlungsaufforderung

Die Überschrift, auch Headline genannt, ist das Erste, was ein Leser wahrnimmt, wenn er auf deinen Blog kommt. Sie entscheidet, ob der Leser weiterliest oder deine Webseite wieder verlässt. Die Headline ist daher der wichtigste Faktor. Wie du saustarke Headlines schreibst, verrate ich dir gleich.

Als Nächstes kommt die Einleitung dran. Dort sollten in drei bis vier Sätzen das Problem und die Risiken angesprochen werden. Was erwartet den Leser und welche Lösung wird er bekommen, wenn er diesen Artikel liest. Die Einleitung soll Interesse wecken, dass der User weiter liest.

Nach der Einleitung kannst du die erste Zwischenüberschrift setzen. Jetzt kommt der Textteil dran, in dem du in direkter und einfacher Sprache Schritt für Schritt erklärst, was der Leser machen muss, um ein bestimmtes Problem zu lösen.

Am Ende des Textteils folgt die Zusammenfassung, welche die wichtigsten Hauptpunkte nochmals wiederholt und in kurzer Form wiedergibt. Hier kannst du auch noch Beweise anführen und zusätzliche Ressourcen angeben.

Hat der User bis hierher gelesen, kommt die Handlungsaufforderung. Was soll der User als Nächstes machen. Soll er jetzt ein Produkt bestellen, sich in deinen Newsletter eintragen (deinen Leadmagneten anfordern) oder einen anderen Blogpost mit weiteren nützlichen Informationen zum Thema lesen.

5. Mehrwert und SEO

What's in it for me? Was ist für mich drin? Was habe ich davon, wenn ich diesen Artikel jetzt lese? Das fragt sich jeder User, wenn er auf deine Webseite kommt. Biete daher immer Mehrwert an. Schreibe für den Leser und nicht für Suchmaschinen. Ein guter Blogartikel wird früher oder später auch von Google gefunden.

Über SEO also Suchmaschinenoptimierung könnte ich ein eigenes Buch schreiben. Das Thema ist so komplex und vor allem ändert sich ständig etwas. Es gibt nämlich immer wieder Leute, die den Google Algorithmus austricksen möchten. Darum bringt Google ja laufend neue Updates raus und das, was gestern noch bei der Optimierung funktioniert hat, geht heute nicht mehr.

Mache dir deshalb gerade am Anfang keinen großen Kopf darüber. Suchmaschinenoptimierung ist ein laufender Prozess und bis du da gute Ergebnisse erhältst, kann es Wochen und Monate dauern. Es gibt nur ein paar Grundregeln, an die du dich halten solltest, damit du in Zukunft auch von Suchmaschinen gefunden wirst.

Ein Punkt davon ist sicher:

„Schreibst du geilen Content, dann wirst du jedes neue Google-Update überstehen."

Ein paar Grundregeln für die Optimierung eines Blogartikels. Das Ganze wird auch On-Page-Optimierung bezeichnet.

- Verwende unbedingt das Plugin Yoast SEO. Hier erfährst du immer sofort und in Echtzeit, was du bei deinem Text noch optimieren solltest.
- Das Hauptkeyword sollte in der Headline vorkommen.
- Hauptkeyword und passende Nebenkeywords sollen im Text vorkommen
- Verwende H2 bis H4 Überschriften.
- Verwende dein Hauptkeyword und passende Nebenkeywords auch in deinen Zwischenüberschriften.
- Schreibe einen Artikel mit mindestens 800 Wörtern.
- Verlinke auf interne Blogbeiträge.
- Verlinke auf externe Blogs.
- Verwende Bilder und vergib als Alt-Attribut, das Hauptkeyword.

6. Wie du saustarke Headlines schreibst

Je besser die Headline ist, desto wahrscheinlicher ist es, dass jemand deinen Artikel liest. Genauso wie bei einer Tageszeitung, einer Zeitschrift oder einem Buch entscheidet die Headline bzw. der Titel ob die Auflage ein „Schlager" wird und somit der Verkauf in die Höhe schnellt oder nicht.

Lege daher immer zuerst dein Augenmerk auf eine starke Headline!

Wie lernst du, gute Headlines zu schreiben?

Ganz einfach, indem du von Leuten lernst die schon erfolgreich Headlines schreiben. Auch wenn ich persönlich kein Freund der deutschen Bild Zeitung bin, aber was die Journalisten dort können, ist es aufmerkkeitserzeugende Headlines zu schreiben. Diese Headlines kannst du jetzt als Vorlage verwenden und auf deine Nische umtexten.
Aber auch Zeitschriften wie „Men´s Health" liefern saustarke Headlines, die du als Vorlage für deine Überschriften verwenden kannst.

Möchtest du meinen ultimativen Geheimtipp erfahren, wie ich immer Ideen für Blogartikel und Headlines bekomme?

Ich verwende seit Jahren die App Readly. Das ist eine Zeitschriften-App, in der du auf über 5´000 verschiedene Zeitschriften zugreifen kannst. Mehr als 2´000 davon sind sogar auf Deutsch. Hier findest du für fast jede Nische Zeitschriften und somit Ideen für Headlines und Blogartikel.

Über meinen Link kannst du Readly sogar einen Monat lang kostenlos testen. Danach zahlst du nur läppische 9,99 Euro. Eine Kündigung ist jederzeit monatlich möglich. Alleine mit diesem Tipp hast du die Kosten dieses Buches schon wieder drin.

Hier kannst du Readly einen Monat lang kostenlos testen:

www.roland-hamm.com/readly

Beachte: Headlines und Texte unterliegen dem Copyright, du darfst diese nicht einfach so kopieren, sondern musst sie umschreiben.

Ein sehr hilfreiches Tool für Headlines, aber auch generell zum Werbetexten, ist ClickCopy. Damit kannst du mit wenigen Klicks Headlines, Email-Serien und Werbetexte aller Art erstellen. Ein Pflicht-Tool, welches jeder Onlineunternehmer verwenden sollte. Warum auch du ClickCopy verwenden solltest, kannst du in diesem Blogartikel von mir nachlesen:

www.roland-hamm.com/clickcopy-erfahrungen

7. Die besten Headline-Vorlagen

Auch hier kannst du Dr. Google zu Hilfe nehmen und nach „Headline-Vorlagen" oder „beste Headline-Vorlagen" suchen. Am besten legst du dir eine „Swipe File" an. Das ist eine Datei, in der du die besten Headlines notierst, sodass du sie immer zur Hand und bei Bedarf sofort zur Verfügung hast.

<u>7 Headline Vorlagen möchte ich dir hier noch geben:</u>

- Dein Weg zu deinem [Ergebnis]

Dein Weg zu einem schlanken Körper

- Entdecke das [Ergebnis] Geheimnis

Entdecke das Wohlstandsgeheimnis

- Wie du [Blockade oder Problem] ein Ende setzt

Wie du Geldblockaden ein Ende setzt

- Wie du [Ergebnis] ohne/auch, wenn du nicht [xy]

Wie du 10 kg abnimmst, ohne Sport zu machen

- So entsteht ein [Produkt] - Ein schonungsloser Blick hinter die Kulissen

So entsteht eine Webseite - Ein schonungsloser Blick hinter die Kulissen

- Die ultimative Checkliste für [Tätigkeit/Hobby]

Die ultimative Checkliste für deine Hochzeit

- Wie du in [Zahl] Schritten ein [Produkt] produzierst - mit null Euro und null Ahnung

Wie du in 10 Schritten einen Videokurs produzierst - mit null Euro und null Ahnung.

8. Pimp your Blogpost

Das Auge isst mit, daher mache regelmäßig kleine Überschriften und vor allem kleine leicht verdauliche Absätze. Füge wenn möglich auch Aufzählungen , sogenannte „Bullet Points" ein. Verwende auch Bilder und wenn möglich ein passendes Youtube-Video. Videos erhöhen die Verweildauer auf deiner Website, was wiederum gut ist für dein zukünftiges Suchmaschinen-Ranking.

9. Erstelle am Ende einen CTA und eine Linkliste

Als CTA oder auch „Call to Action" wird im Online-Marketing die Handlungsaufforderung bezeichnet. Jeder Blogartikel, den du schreibst, sollte ein glasklares Ziel haben. Was soll der Leser jetzt als nächsten Schritt machen? Soll er sich in deinen Newsletter eintragen, dein Freebie downloaden, dich persönlich kontaktieren oder einen weiteren interessanten Blogartikel lesen?
Ein CTA am Ende deines Artikels könnte so ausschauen:

Möchtest du keinen Artikel mehr verpassen, dann abonniere jetzt meinen Newsletter.

oder

Du kannst das Produkt XY hier zum Sonderpreis hier kaufen (klick)

oder

Möchtest du noch mehr Geld sparen? Dann lade dir jetzt meinen kostenlosen Report herunter. (klicken)

3. 2. 1. Go!

Jetzt geht's los. Schreibe noch heute deinen ersten Artikel!

An dieser Stelle möchte ich dir noch einen „Ideen Hack" mitgeben. Richte dir auf deinem Smartphone und deinem Computer einen Notiz-Ordner mit dem Namen „Blog Ideen" ein. Immer wenn du eine Idee hast oder auf einer Webseite etwas cooles findest für einen neuen Blogartikel, dann notierst du diesen Tipp sofort in deiner Notiz.
Ich verwende dazu keine besondere App, sondern nutze die iPhone Notiz Funktion. Dort habe ich mir den Ordner „Blog Ideen" eingerichtet und notiere all meine Ideen darin. Da ich ein Macbook habe, synchronisiert sich das dann sofort automatisch. Immer wenn ich einen neuen Blogartikel schreiben möchte, gehe ich vorher meine Notizen mit den Blog-Ideen durch. So weiß ich dann sofort, was ich schreiben werde.

Action Schritt: Erstelle deinen ersten Content

Erstelle zuerst die wichtigsten Seiten:

- Impressum
- Datenschutzerklärung
- Kontakt Seite
- Über mich Seite

Schreibe deine ersten fünf Blogartikel und stelle diese online. Poste die Artikel aber nicht alle auf einmal, sondern pro Tag nur einen. Du kannst in WordPress den Zeitpunkt der Veröffentlichung eines Blogs festlegen. Poste die Artikel in den nächsten fünf bis zehn Tagen. In Zukunft solltest du zumindest einmal pro Woche einen neuen Artikel veröffentlichen. Somit hast du in einem Jahr 52 Blogartikel veröffentlicht. Diese werden dir in Zukunft viel kostenlosen Traffic über Suchmaschinen bringen.

Richte dir auf deinem Smartphone und deinem Computer einen „Blog Ideen"-Ordner ein und notiere dir noch heute mindestens 20 Ideen.

Schritt 6 - Melde dich bei Partnerprogrammen an

Bevor du dich bei einzelnen Partnerprogrammen anmeldest, musst du unbedingt eine fertige Webseite haben und auch zumindest fünf Blogartikel.

Warum?

Weil du sonst von den einzelnen Affiliate-Plattformen abgelehnt wirst. Bei der Anmeldung musst du bei den meisten Programmen deine Website angeben. Diese überprüfen vor der Anmeldung dein Impressum und auch deinen Content. Außerdem prüfen die Affiliate Manager der einzelnen Programme auch deine Seite und schalten dich erst danach frei. Ist deine Webseite noch eine Baustelle oder hat gar kein Impressum, dann wirst du meistens abgelehnt.
Daher solltest du unbedingt deine „Hausaufgaben" (= Action-Schritt 5) machen. Den ersten Content erstellen und dich danach erst bei den einzelnen Partnerprogrammen anmelden.
Wie schon des Öfteren erwähnt, bevorzuge ich persönlich digitale Affiliate-Produkte, weil hier die Provisionen viel höher sind. Es kommt aber natürlich auf deine Nische an. Idealerweise kombinierst du digitale und physische Affiliate-Produkt.

Folgende Affiliate-Marketing-Plattformen sind empfehlenswert:

Digitale Produkte:

- Digistore24
- Copecart
- Affilicon

Physische Produkte:

- Awin
- Adcell
- Amazon

Es gibt natürlich noch viele weitere Partnerprogramm-Anbieter. Da aber jedes Partnerprogramm einen bestimmten Schwellenwert für die Auszahlung hat, kann es dauern bis du die Provision am Konto hast. Viele Zahlen erst ab einem Mindestbetrag von 50 Euro aus. Hast du diesen Betrag überschritten, dann wird je nach Partnerprogramm entweder wöchentlich oder einmal im Monat Geld ausbezahlt.

Tipp: Mache bitte aus deiner Webseite keine Werbetafel, indem du so viele Werbebanner und Affiliate-Links wie möglich auf deine Seite packst. Weniger ist mehr, im ersten Moment sollen Besucher deinen Content lesen und danach deinen Leadmagneten im Tausch gegen ihre Email-Adresse anfordern. Erst danach werden per Email-Marketing die ersten Produkte empfohlen und die Verkäufe gemacht.

Action Schritt: Melde dich bei den passenden Partnerprogrammen an

Melde dich bei diesen Partnerprogrammen an:

Digistore24:
www.roland-hamm.com/anmeldung-bei-digistore24

Copecart:
www.roland-hamm.com/bei-copecart-anmelden

Affilicon:
https://marktplatz.affilicon.net

Awin:
www.awin.com/at/publisher

Adcell:
www.adcell.de

Amazon:
https://partnernet.amazon.de

Wenn du bei den einzelnen Affiliate-Netzwerken angenommen wurdest, dann suche über den Marktplatz nach passenden Affiliate-Produkten und bewirb dich dafür. Je nach Plattform kann das nämlich ein paar Stunden oder auch Tage dauern. Bei Digistore24 und Copecart, erhältst du meist sofort den Affiliate-Link und kannst das Produkt bewerben.

Die große Preisfrage, die mir immer wieder gestellt wird:

Welche Produkte soll ich empfehlen? Hochpreis oder Niedrigpreis?

Das kommt in erster Linie auf deine Nische an. In meiner Geld-sparen-Nische wollen viele am besten alles geschenkt haben. Da lohnen sich Programme wie kostenloses Girokonto, kostenlose Kreditkarte, ein Preisvergleich für den Strom, kostenlose Bücher oder Produkte, die maximal 100 Euro kosten.
Hier verdienst du eine sogenannte Lead Provision. Jemand macht einen Stromwechsel und dafür erhältst du dann 10 bis 20 Euro. Jemand fordert eine kostenlose Kreditkarte an und du erhältst 25 Euro. Für kostenlose Bücher, die über Digistore24 oder Copecart angeboten werden, bekommst du meist 5 bis 6,50 Euro Provision.
Solche Bücher lassen sich natürlich leicht vermitteln. Andererseits herrscht hier auch eine große Konkurrenz. Für 100 Euro Provision brauchst du 20 Buchvermittlungen.

Auf der anderen Seite gibt es Produkte für einen Preis von, sagen wir mal 297 Euro. Abzüglich MwSt. und Gebühren des Zahlungsanbieters würdest du so bei 50 % Provision etwa 106 Euro an Provision verdienen. Du benötigst daher nur einen einzigen Sale. Auf der anderen Seite müssen höherpreisige Produkte auch anders beworben werden.

Ich würde einfach einen Mix aus beiden Varianten wählen, zumindest mache ich es so bei mir. Wenn ich ein Produkt super finde und es für mich einen Mehrwert bietet und natürlich für meine Zielgruppe passt, dann bewerbe ich es. Bekomme ich eine hohe Provision, dann lohnt sich auch der Zeitaufwand für einen Review-Artikel und ein Video.

Was du auf jeden Fall bei der Auswahl eines Partnerprogramms beachten solltest, ist die Stornoquote. Fast alle Affiliate-Portale zeigen das an. Liegt die Stornoquote bei über 10 Prozent, dann würde ich das Produkt nicht bewerben. Meine persönliche Grenze liegt sogar bei 8 Prozent Stornoquote. Produkte die über 10 % Stornoquote haben sind meist auch nicht so gut. Wieso sollte jemand sonst ein Produkt zurückgeben?

Weiters kannst du noch auf folgenden Punkt achten:

Cart Conversion: Wie viele Besucher kaufen das Produkt, wenn sie eindeutig am Bestellformular waren. Je höher der Wert desto besser.

Hier hat aber jede Plattform ihre eigene Statistik und genauere Erklärung. Schaue dir das deshalb beim jeweiligen Partnerprogramm an.

Schritt 7 - Geheimwaffe - Der Leadmagnet

Heutzutage trägt sich kaum noch jemand in deinen Newsletter ein, wenn du nicht im Gegenzug ein unwiderstehliches Geschenk anbietest. Dieses Geschenk nennt man im Online-Marketing Leadmagnet oder Freebie.

Was ist ein Leadmagnet?

Ein Leadmagnet ist also ein Gratisgeschenk, welches ein Interessent erhält, wenn er sich in deinen Newsletter einträgt. Im Gegenzug bekommst du vom Interessenten die Email-Adresse. Wie schon erwähnt geht es im ersten Moment darum, nichts zu verkaufen, sondern die Email-Adressen zu erhalten. Kaum jemand kauft ein Produkt oder eine Dienstleistung, wenn er zum ersten Mal auf deine Webseite kommt und dich nicht kennt.
Einen Leadmagneten kannst du mit einer Produktprobe in der Offlinewelt vergleichen. Du erhältst beispielsweise eine Parfümprobe und testest diese dann zu Hause aus. „Taugt" dir dieser Duft, dann ist die Wahrscheinlichkeit sehr hoch, dass du beim nächsten Parfumkauf, genau dieses Produkt kaufst. Eventuell kaufst du sogar noch das Deo und das Duschgel dazu.

In der Online-Welt spricht man dann von Folgendem:

Die Parfümprobe war das Freebie. Sie hat durch den positiven Dufttest, so viel Vertrauen hinterlassen, dass du das Hauptprodukt, auch Core-Produkt genannt, auch gekauft hast. Das Hauptprodukt war das Parfüm. Des Weiteren hat dich das neue Parfüm so begeistert, dass du gleichzeitig noch zwei Upsells, also zusätzliche Käufe, getätigt hast. Diese Upsells, also das Deo und das Duschgel ergänzen dein Hauptprodukt.

Dein Leadmagnet (Freebie) muss daher so einen guten Eindruck hinterlassen, dass du Vertrauen beim Interessenten aufbaust. Am besten löst dieser ein Problem mit Leidensdruck. Ein Leadmagnet sollte daher einen konkreten Mehrwert geben und außerdem schnell zu konsumieren sein. Nach der Anforderung des Leadmagneten baust du mit einer Email-Serie weiter Vertrauen auf. Du empfiehlst dann deinem Newsletter-Abonnenten passende Affiliate-Produkt oder deine eigenen. Am besten solche, die auch nach dem Core-Produkt (=Hauptprodukt) noch weitere Upsells anbieten, denn dadurch erhöhst du deine Provisionen.

Welcher Leadmagnet ist der Beste?

Das kommt natürlich immer auf deine Nische an und darauf, was genau dein Ziel ist. Wenn du noch Anfänger im Online-Marketing bist, dann würde ich eine Checkliste oder einen Report empfehlen. Beides ist nämlich sehr einfach und schnell umzusetzen. Es genügt, wenn so ein Report rund zehn A4 Seiten hat. Niemand liest im ersten Moment ein Ebook mit 50 Seiten. Der Interessent möchte eine schnelle Lösung für sein Problem, biete ihm daher auch eine Schnelllösung an.

Wenn du Coach, Berater oder Trainer bist, dann könntest du auch ein kostenloses 30 Minuten Beratungsgespräch anbieten. Dazu erstellst du mit dem kostenlosen Tool „Google Forms" einen Fragebogen. Diesen erhält der User dann automatisch, nachdem er dein kostenloses Beratungsgespräch angefordert hat. Im Beratungsgespräch verkaufst du dann natürlich deine Dienstleistung.

Der derzeit beste Leadmagnet ist aber mit Sicherheit ein Webinar. In einem Webinar erhält der Interessent eine kostenlose Schulung. Auch hier solltest du darauf achten, vor allem, wenn du ein Webinar als Affiliate-Partner bewirbst, ob das Webinar auch hochwertig ist oder ob da nur etwas verkauft wird. Denn mit einem hochwertigen Webinar wird Vertrauen aufgebaut. Am Ende des Webinars kommt dann der „Pitch" also der Verkauf. Ist der Teilnehmer dann von deinen Tipps begeistert, wird er das Produkt dann kaufen. Aber selbst wenn er es dann nicht gekauft hat, hat er zumindest im Webinar etwas Neues gelernt.

Der Vorteil eines Webinars?

Webinare sind sehr beliebt und laufen im „Evergreen Modus". Das heißt, das Webinar wird einmal aufgezeichnet und mit der entsprechenden Software automatisiert immer wieder neu gestartet. Über Webinare lassen sich außerdem höherpreisige Produkte verkaufen.
Eine genaue Schritt für Schritt Anleitung zum Thema Webinare würde den Rahmen dieses Buches sprengen. Wenn dich aber dieses Thema interessiert und du Webinare als Leadmagnet in Kombination mit Affiliate-Marketing betreiben möchtest, dann findest du im kostenlosen Online-Portal weitere Informationen und ein Interview zum Thema *„Als Affiliate mit Webinaren Geld verdienen."*

Ansonsten würde ich dir eine Checkliste, einen Report oder meinen Affiliate-Marketing-Lead-Funnel empfehlen.

So erstellst du einen Affiliate-Marketing-Lead-Funnel

Hast du ein interessantes Affiliate-Produkt gefunden, welches einen Video-Sales-Letter, kurz VSL, hat, dann kannst du dieses Video als Leadmagneten verwenden. Dazu erstellst du einfach eine Landing-Page, auf der du das Video bewirbst. Wenn jemand das Video dann anfordert, schickst du ihm deinen Affiliate-Link, der dann genau zu diesem Video führt.
Als Autoresponder-Serie, verwendest du die Emails des Vendors und schon ist dein erster Lead-Funnel fertig. Das gleiche Prinzip könntest du auch auf Gratisbücher anwenden.

Du empfiehlst auf der Landing-Page ein Buch und wenn sich ein Interessent einträgt, bekommt er der den Affiliate-Link zum Gratisbuch auf der Dankesseite und zusätzlich per Email zugesendet.

Natürlich verlierst du so im ersten Moment einige Sales, im Gegensatz zur direkten Bewerbung der Verkaufsseite. Dafür sammelst du aber Email-Adressen ein und kannst jederzeit andere Produkte empfehlen und somit viel mehr Geld damit verdienen. Diese Art der Landing-Page kannst du so beispielsweise dann auf Pinterest bewerben.

Wie du eine Landing-Page erstellst sowie einen Email-Autoresponder, das erfährst du gleich, wenn du weiterliest.

Ein Beispiel wie so etwas aussehen kann, zeige ich dir hier: www.roland-hamm.com/cash-machen

Kopiere meine Seite aber bitte nicht, sondern nimm diese nur als Vorlage dafür, wie so etwas aussehen kann.

Wie du noch heute einen Leadmagneten erstellst

Je nach Nische hat sich wie schon erwähnt ein kurzer Report oder eine Checkliste sehr gut als Freebie bewährt. Beides lässt sich nämlich in ein bis zwei Stunden umsetzen und so gehst du dabei vor:

1. Schritt - Löse ein Problem deiner Zielgruppe

Wenn du eine Keyword-Analyse mit „answer the public" gemacht hast, dann findest du dort Fragen und Probleme, die deine Zielkunden haben. Was ist davon das größte Problem und wie könntest du es in einem kurzen Report oder mit einer Checkliste lösen?

2. Schritt - Die Erstellung

Schreibe jetzt mit Word, Pages oder Google Docs eine Checkliste bzw. einen Report und löse darin das Problem. Am besten schreibst du diesen mit Google Docs. Google Docs ist für alle User mit einer Google Email-Adresse kostenlos nutzbar. Zusätzlich erhältst du Google Drive und kannst dort online dann deinen Report zur Verfügung stellen.
Idealerweise hat der Report nicht mehr als zehn Seiten. Er sollte schnell und einfach zu konsumieren sein. Also genau auf den Punkt gebracht ohne langes Blabla.
Du kannst ergänzend zu einer Checkliste auch noch ein drei bis zehn Minuten langes Video erstellen. Wo du die Checkliste erklärst und auch das Problem löst. Am Ende des Videos empfiehlst du ein zum Thema passendes Produkt oder ein Webinar. Unter dem Video platzierst du dann deinen Affiliate-Link. Mit einem Video baust du von Anfang an Vertrauen auf und erhöhst so die Chance, dass jemand über deine Empfehlung ein Produkt kauft.

3. Schritt - Auf die Verpackung kommt es an

Wir kaufen mit dem Auge und daher ist es wichtig, ein 3D Cover für deinen Report oder deine Checkliste zu erstellen. Am einfachsten funktioniert das mit dem kostenlosen Online-bildbearbeitungstool Canva.

www.canva.com

Mit diesem Tool erstellst du dann ein cooles Cover in 2D. Ich höre dich jetzt schon laut denken. Und wie bitte soll ich daraus ein 3D Cover machen? Ganz einfach, indem du dazu ein weiteres online Tool Namens „Smartmockups" verwendest.

https://smartmockups.com

Hinweis! Achte immer auf das Copyright. Du darfst nicht so einfach Bilder von Google herunterladen und verwenden. Nutze nur die Bilder die in diesen beiden Tools angeboten werden, um keine Abmahnungen zu erhalten.

4. Schritt - Die Produktion

Lasse dein Dokument nochmals von jemanden korrekturlesen und mache daraus eine PDF-Datei. Lade dann die PDF-Datei auf Google Drive hoch und erstelle die Link-Freigabe. Hast du das Dokument mit Google Docs geschrieben, dann kannst du dort direkt eine Freigabe und ein PDF-Dokument erstellen. (Nur Leserechte und downloaden erlauben.)

Der Vorteil bei Google Docs?

Wenn du eine Änderung machst, ist diese sofort online.

Action Schritt: Erstelle einen Leadmagneten

Erstelle deinen Leadmagneten und ein 3D Cover. Denke daran, wir kaufen mit den Augen. Nutze daher für die Erstellung deines Covers die beiden Tools Canva und Smartmockups. Du kannst dir dein Cover aber auch über Fiverr günstig erstellen lassen.

Mehr Infos dazu hier:
https://de.fiverr.com

Schritt 8 - Deine Geldmaschine „Marke Eigenbau"

Der Verkaufsfunnel

Im achten Schritt erstellen wir den Verkaufsfunnel für ein Affiliate-Produkt. Wenn du schon ein eigenes Produkt oder eine Dienstleistung anbieten kannst, dann ersetzt du das Affiliate-Produkt einfach mit deinem Produkt bzw. deiner Dienstleistung.

So erstellst du eine Landing-Page

Eine Landing-Page wird auch Email-Einsammelseite, Squeeze-Page oder Optin-Page bezeichnet. Sie hat nur eine einzige Aufgabe: Leads zu generieren, sprich die Email-Adresse deines Interessenten einzusammeln. Daher ist eine Landing-Page sehr einfach aufgebaut und ohne Ablenkung. Sie konzentriert sich nur auf das Wesentliche: Email-Adresse hinterlassen oder Webseite wieder verlassen.

Wenn du OptimizePress oder Thrive verwendest, dann kannst du mit einem dieser beiden Page-Builder ganz schnell eine Landing-Page bauen. Es sind dort schon gut konvertierende Landing-Page-Vorlagen vorhanden, welche du nur noch mit deinen Texten und deinem 3D Cover füllen musst. Des Weiteren musst du deinen Autoresponder mit deinem Page-Builder verbinden bzw. den HTML Code des Formulars einbinden. Wie das genau funktioniert, erfährst du von deinem Autoresponder-Anbieter oder in den Tutorial-Videos von Thrive bzw. OptimizePress. Außerdem kannst du, wenn du diesen Schritt machst auch „Dr. Google" oder „Dr. YouTube" fragen.

Der perfekte Aufbau einer Landing-Page

So ist eine Landing-Page aufgebaut:

- **Pre-Headline** = kleine Überschrift über der Headline
- **Headline** = Hauptüberschrift
- **Sub-Headline** = unter Überschrift mit einem enthaltenen Vorteil
- **Bullet Points** mit Benefits = Aufzählungspunkte mit drei bis fünf Vorteilen
- Ein **3D Cover** oder ein Bild = zur Visualisierung
- **Email-Eintragungsformular** = hier gibt der Interessent seine Email-Adresse ein
- **Call to Action** = Handlungsaufforderung
- **Trust Komponente** = Social Proof und Testimonials

Auf dem Foto siehst du ein Beispiel, wie eine Landing-Page aussieht.

GRATIS REPORT ENTHÜLLT...

"Wie Du Dir in nur 5 Schritten ein passives Einkommen im Internet aufbauen kannst"

Du erfährst im kostenlosen Report:

✓ Warum die größten Mythen beim Online-Business aufbauen nicht stimmen und dich davor abhalten möchten

✓ Welche 5 Schritte Du machen musst, damit Dein Business schnell und einfach ins laufen kommt

✓ Wie Du Dir in nur 7 Tagen mit dem besten System Dein eigenes passives Einkommen aufbaust

JETZT DOWNLOADEN!

Mit der Anforderung des Reports meldest du dich zu meinem kostenlosen E-Mail Newsletter mit praxisrelevanten Informationen zu den Themen Internet & Affiliate Marketing, Geschäftsmöglichkeiten und online Geld verdienen an. (Datenschutz, Analyse und Tracking Hinweise hier klicken)

Dieser GRATIS Report wird sofort an die oben angegebene E-Mail-Adresse gesendet.

Wenn du eine Landing-Page texten möchtest, dann ist das Tool „ClickCopy" sehr hilfreich. Vor allem hilft es dir dann auch beim Texten deiner Email-Serie. Ich kann es dir nur empfehlen, denn dieses Tool wirst du im Laufe deiner Online-karriere immer wieder benötigen. Mehr über ClickCopy erfährst du in meinem Blockartikel:

www.roland-hamm.com/clickcopy-erfahrungen

Die Refinanzierungsseite für deine ersten Einnahmen

Die Refinanzierungsseite auch Refi oder Tripewire (=Stolper-draht) genannt, dient dazu, aus dem Besucher einen Kunden zu machen. Nach dem Eintragen ist der Kontakt normalerwei-se noch „heiß" und offener für eine weitere Hilfestellung. Ist diese Hilfestellung ergänzend zum Leadmagneten, ist der Besucher auch bereit, etwas Geld in die Hand zu nehmen. Vor allem, wenn das Tripewire-Produkt preislich eher niedrig angesetzt ist. Ein Tripewire-Produkt sollte zwischen 7 und 20 Euro kosten.

Damit möglichst viele Besucher dieses Produkt auch kaufen, muss das Refi-Produkt genau zum Leadmagneten passen. Du bietest zum Beispiel einen Report zum Thema: „7 Tipps, wie du bei deinen Geschäftsreisen Geld sparen kannst" an. Dein Refi-Angebot ist dann ein eBook mit dem Thema: „Geschäfts-reisen Geheimnisse - Wie du garantiert bei deiner nächsten Geschäftsreise bis zu 57 % sparst."

Das ist jetzt natürlich nur ein fiktives Beispiel, welches dir verdeutlichen soll, wie Leadmagnet und Refi ineinandergreifen.

Übrigens erstellst du so ein Refi-Produkt ähnlich wie einen Leadmagneten, nur dass dieser ausführlicher ist. Alternativ kannst du als Refi auch ein Affiliate-Produkt um die 5-10 Euro anbieten. Bei mir hat es sich bewährt eines der kostenlosen Digistore24 Bücher anzubieten. Dieses sollte dann aber auch genau zu deinem Thema passen.

Warum diese Seite Refinanzierungsseite heißt? Schaltest du kostenpflichtige Werbung, so kannst du dir damit einen Teil der Kosten wieder zurückholen.

Die Refinanzierungsseite wird vor der Download-Seite geschaltet. Das heißt, der Besucher bekommt, nachdem er sich bei dir eingetragen, hat nicht sofort deinen Leadmagneten zum Download, sondern vorher die Refinanzierungsseite angezeigt. Auf dieser befindet sich dann ein 15 Minuten Countdown (= künstliche Verknappung) mit dem einmaligen Angebot. Ist der Counter abgelaufen, dann wird er auf die reguläre Verkaufsseite mit dem aktuellen Preis weitergeleitet.

Wie ist eine Refinanzierungsseite aufgebaut?

- **Halt! Warte!** (= Warnung)
- **Headline** = Hauptüberschrift
- **Bullet-Points mit Benefits** = Aufzählungspunkte mit drei bis fünf Vorteilen
- Ein **3D Cover** oder ein Bild = zur Visualisierung
- **CTA** (= Handlungsaufforderung)
- **Bestell Button** (mit CTA)
- **Countdown** (15 bis 30 Minuten)

Hier findest du zwei Beispiele, wie so eine Seite aussehen kann.

Refinanzierungsseite mit Videokurs

Vielen Dank für Deine Anmeldung zum Newsletter!
Den Link zum Video habe ich Dir gerade per Email zugeschickt.

Mein persönliches Dankeschön für Dich!

Brandneuer Videokurs "Die 7 größten Erfolgsverhinderer" statt 29,95 € für Dich NUR 7 €!

✓ Lerne die 7 größten Erfolgsverhinderer kennen, die Dich von Deinem Erfolg abhalten

✓ Wie Du alle Erfolgsverhinderer noch heute eliminierst und sofort viel bessere Ergebnisse schaffst

✓ Über 45 sofort anwendbare Tipps und Tricks für mehr Erfolg (Mindmaps zum Download)

✓ Inklusive Bonus Video: Die wichtigste Eigenschaft aller erfolgreichen Menschen

✓ Auf den Punkt gebrachte Informationen

✓ Für Dich heute um 76% günstiger als der reguläre Verkaufspreis

✓ Sofort Zugang (auch um 02.00 Uhr morgens)

Dieses einmalige Angebot gilt noch für ...

9 17

MINUTEN SEKUNDEN

ACHTUNG! DIES IST KEIN MARKETING-GAG!
Nach Ablauf der Zeit steigt der Preis wieder auf 29,95 €.

Jetzt für NUR 7 Euro sofort bestellen

Refinanzierungsseite mit kostenlosem Buch

Vielen Dank für Deine
Anmeldung zum Newsletter!
Du hast gerade eine eMail mit
weiteren Infos von mir erhalten.

Mein persönliches Dankeschön für Deine Anmeldung!

Sichere Dir jetzt KOSTENLOS das Buch
"Entscheidung: ERFOLG"

SOFORT sichern

ACHTUNG! Dieses Angebot ist nur noch kurze gültig!

Nein, ich habe keinerlei Interesse an Insider Informationen, wie ich "erfolgreich" werde - ich will nur mein Gratis-eBook jetzt und hier downloaden!

Diese Seiten benötigst du noch

Zuallererst benötigst du eine Bestätigungsseite für den Double-Opt-in-Prozess. Die meisten Email-Marketing-Tools wie 4Leads oder Klick-Tipp erstellen diese Seiten automatisch und können natürlich für den Anfang benutzt werden. Besser ist es aber eine eigene Seite im eigenen Design und mit eigenen Texten zu erstellen, weil das die Opt-in-Rate erhöht. Mit den Standardseiten gehen doch einige Email-Adressen verloren.

Bestätigungsseite

Ein Klick fehlt noch bis zum Report!

Ich habe Dir soeben eine E-Mail mit einem Bestätigungslink zugeschickt. Bitte öffne diese E-Mail und klicke auf den Link, um Deine Eintragung und Deine E-Mail-Adresse zu bestätigen. Danach erhältst Du sofort den Report das Geheimnis des Wohlstands zugeschickt.

Schritt 1	Schritt 2	Schritt 3
Öffne Dein E-Mail-Postfach und suche meine E-Mail mit dem Link	Klicke auf den Link in der E-Mail, um Deine Eintragung zu bestätigen	Erhalte Zugang zum Report: Das Geheimnis des Wohlstands

Was du noch benötigst, ist die Downloadseite. Auf dieser Seite kann dann dein Leadmagnet heruntergeladen werden. Zusätzlich könntest du dort noch ein kurzes Video platzieren. Im Video gibst du dann einen weiteren Tipp und empfiehlst ein kostenloses Webinar. Der Link zum Webinar befindet sich dann unter dem Video. Weise unbedingt im Video auf das Webinar und den Link unter dem Video hin. Das Video sollte wenn möglich nicht länger sein als zehn Minuten.

Downloadseite

Danke! Hier ist Deine Checkliste

Vielen Dank für die Bestätigung Deiner Eintragung zum Newsletter. Wie versprochen kannst Du Dir hier nun die Checkliste "Die 21 besten Traffic Quellen" herunterladen...

Jetzt zum gratis Traffic Webinar Anmelden!
Klicke auf den Button!

Klicke auf den blauen Button, um Deine kostenlose Checkliste herunterzuladen.

(Wenn sie nicht heruntergeladen wird, versuche mit der rechten Maustaste zu klicken und "Verknüpfung speichern unter" auszuwählen.)

Hier Checkliste downloaden!
Klicke auf den Button!

Hier endet dann der Verkaufsfunnel im Affiliate-Marketing. Denn nachdem du eine Email-Adresse gesammelt hast und das Refi-Angebot, bewirbst du nur noch über den Affiliate-Link die Sales-Page (Verkaufsseite) des Vendors. Wenn du schon dein eigenes Produkt hast, dann würdest du jetzt natürlich deine Verkaufsseite bewerben.

Action Schritt: Erstelle deinen Verkaufsfunnel

Erstelle jetzt eine Landing-Page und ein Refinanzierungsangebot. Du kannst dir als Refinanzierungsangebot am Anfang auch ein Affiliate-Produkt aussuchen. Erstelle danach die Angebotsseite für das Refi sowie die Dankesseite.

Schritt 9 - Auf Knopfdruck Geld drucken

Die Automatisierung per Email-Marketing

Es wird spannend, denn jetzt setzt du deine Gelddruckma-schine auf. Wie ich schon erwähnt habe, ist eine Email-Adres-se je nach Nische rund einen Euro wert. Hast du 500 Newslet-ter Abonnenten, so verdienst du im Schnitt 500 Euro pro Monat damit. Aber nur wenn du:

Regelmäßig Emails schickst und auch Mehrwert bietest.

Was ist ein Autoresponder und warum du unbedingt einen brauchst?

Ein Autoresponder versendet automatisch und zeitgesteuert Emails an deine Kontakte. Diese werden einzeln an jeden User versendet und nicht als Massenmail. Gesteuert wird das Ganze über eine Email-Marketing-Software.

Anders als wenn du beispielsweise über Outlook eine Email an mehrere Absender gleichzeitig schickst.

Welchen Email-Marketing-Anbieter soll ich verwenden?

Hier ist meine klare Antwort. Einen deutschen Anbieter, weil sich diese zum einen an die DSGVO-Richtlinien halten, und zum anderen einfach zu bedienen sind.

Folgende drei Anbieter kann ich empfehlen:

- Klick Tipp

- Quentn
- 4Leads

Ich persönlich verwende 4Leads und bin damit sehr zufrieden. Es ist stabil und sehr einfach zu bedienen. Ich verwende 4Leads vor allem auch, weil ich es über mein iPhone ohne zusätzliche App verwenden kann. Wenn du im Network oder im Coaching tätig bist, dann wirst du 4Leads lieben. Du kannst nämlich über das Smartphone Visitenkarten scannen oder im persönlichen Gespräch übers Smartphone den Kontakt eintragen und so vollautomatisch und DSGVO-konform eine Autoresponder-Kampagne starten.

Ich kenne den CEO Benjamin Oestreich von 4Leads persönlich und habe erst vor Kurzem ein spannendes Interview mit ihm aufgenommen. Dabei ging es um 4 Mythen im Email-Marketing. Ben hat einige Hacks verraten und ich habe mit ihm einen speziellen Deal für alle meine Leser ausgemacht. Anstatt zwei Wochen kannst du 4Leads über meinen Link sogar vier Wochen lang kostenlos testen. Du findest das exklusive Interview mit dem Deal im Online-Portal.

Egal für welchen Autoresponder du dich entscheidest, am Anfang genügt immer der kleinste Account. Du kannst jederzeit auf einen größeren Account upgraden. Hast du den Kauf eines Online-Marketing-Kurses geplant, dann würde ich den Autoresponder verwenden, der im Kurs verwendet wird.
Warum? Gerade als Anfänger ist es einfacher für dich, wenn du nur Schritt für Schritt den Anweisungen des Kursanbieters folgen musst. Traust du dir mehr zu, dann kannst du natürlich so wie ich 4Leads verwenden.

Die Verlockung ist groß am Anfang einen kostenlosen Autoresponder zu verwenden. Hier sparst du aber am falschen Platz. Wenn du nämlich später umziehen möchtest, dann hast du nochmals denselben Arbeitsaufwand. Außerdem verlierst du mit einem Umzug wieder wertvolle Abonnenten. Derzeit bietet nur 4Leads einen kostenlosen Umzugsservice an.

So richtest du deinen Autoresponder ein

Nachdem du dich für ein Email-Marketing-Programm entschieden hast, musst du einige Grundeinstellungen vorneh-
men. Das ist beispielsweise die Sender-Email-Adresse und die
Absender-Signatur. Als Sender-Email-Adresse würde ich
beispielsweise info plus deinen Domainnamen verwenden.
Das sieht dann so aus: „info@deine-domain.com. In der Signa-
tur müssen deine Kontaktdaten stehen. Wie schon bei der
Webseitenerstellung erwähnt, würde ich dir hier den Dienst
von e-Recht24 empfehlen. Dadurch bist du zu 99% auch auf
der sicheren Seite nicht abgemahnt zu werden.
Desweiteren muss aus rechtlichen Gründen, und um einen
Missbrauch zu verhindern, ein Double-Opt-in-Prozess eingerichtet werden. Das ist ein zweistufiger Anmeldeprozess für
deinem Newsletter. Der Webseitenbesucher trägt sich auf
deiner Landing-Page ein und wird auf die Double-Opt-in-
Bestätigungsseite weitergeleitet. Auf dieser Seite erhält er eine
kurze Info, was er weiter tun soll. Gleichzeitig bekommt er
eine Email mit einem Bestätigungslink. Bestätigt der Webseitenbesucher diesen Link, dann ist er in deinem Newsletter
drin. Bestätigt er nicht, bekommt er keine weiteren Emails.
Kann sich dann aber auch nicht deinen Leadmagneten herunterladen.

Deine ersten 5 Emails

Jetzt zeige ich dir wie die ersten Emails für deinen Autoresponder aussehen können. Ich habe diese Methode mit den
fünf Emails im VIP-Affiliate Club 3.0 von Ralf Schmitz gelernt
und auch für mich übernommen und angepasst. Wie immer
empfehle ich dir auch hier, die Emails für dich und deine
Nische anzupassen.
Ob du in Du-Form oder in Sie-Form schreibst, bleibt dir überlassen und richtet sich indirekt auch nach deiner Zielgruppe.
Zumindest, wenn du auf deiner Webseite die Besucher mit
„Du" ansprichst, dann solltest du das auch bei deinen Emails

machen. Ich habe von Anfang an die Du-Form gewählt und ziehe das auf allen Webseiten, Videos, Emails und in meinem Podcast so durch.

Die erste Email, die du daher benötigst, ist die Double-Opt-in-Bestätigung.

Email Nr. 1 - Double Opt-in - wird sofort nach dem Eintragen versendet.

Betreff:

- [WICHTIG] Deine Aufmerksamkeit wird dringend benötigt
- [Download] Clever Geld sparen Report

Hallo und Servus,

du hast gerade meinen kostenfreien Report „Clever Geld sparen" angefordert.

Damit ich dir Emails und damit den Report zum Herunterladen senden darf, benötige ich als erstes deine Zustimmung. Das geht ganz einfach und vor allem superschnell.

Du musst nichts weiter tun, außer hier zu klicken

Sofort im Anschluss erhältst du innerhalb weniger Minuten den Link zum Herunterladen.

Beste Grüße aus Neusiedl am See,
Roland Hamm

P.S: Schieb es nicht auf die lange Bank, sonst verlierst du vielleicht superwichtige Infos!
Hier jetzt klicken

In dieser Email verlinkst du die beiden unterstrichenen Texte mit dem Bestätigungslink.

Email Nr. 2 - Auslieferung Leadmagnet - Wird nach der Opt-in Bestätigung sofort versendet.

Betreff:

- [Download] Es kann losgehen
- Dein Report steht bereit
- Deine Checkliste steht bereit

Hallo und Servus,

das hat schon perfekt geklappt.

Hier ist, wie versprochen der Link zum Herunterladen meines Reports „Clever 2230 Euro sparen".

Hier jetzt zum Herunterladen klicken

An dieser Stelle möchte dir gerne noch einen kleinen Tipp geben:

Starte den Download (hier) sofort und schaue dir gleich die Informationen an:

- *Du hast dich entschieden die Informationen anzufordern*
- *Informationen haben noch niemandem geschadet :-)*

Es wäre doch zu schade, wenn diese hochwertigen Infos auf deiner Festplatte verstauben!

Beste Grüße aus Neusiedl am See,
Roland Hamm

P.S: Von 82 % meiner Leser und Besucher zur Empfehlung des Jahres gewählt.

Neugierig? <u>Dann klicke einfach hier.</u>
In dieser Email werden die beiden ersten unterstrichenen Textpassagen mit der Downloadseite deines Leadmagneten verlinkt. Ganz unten im P.S. wird ganz dezent das erste Mal ein Affiliate-Produkt beworben. Diesen Insidertrick habe ich von Laura Geisbüsch übernommen. Dieses erste Angebot sollte auch zum Thema deines Leadmagneten passen und nicht mehr als 30 Euro kosten. Hier würde sich auch ein Gratisbuch sehr gut eignen.

Email Nr. 3 - Kundenservicenachfrage - Whitelisting - Versendung 1 bis 2 Tage nach der Auslieferung deines Leadmagneten

Betreff:
- [Kundenservice] Gab es ein Problem?
- [Kundenservice] Hast du deinen Report erhalten?

Hallo und Servus,

gestern hast du meinen Report "Clever Geld sparen" angefordert.

Damit ich meinen Lesern immer den bestmöglichen Service (das ist mein persönlicher Anspruch!) anbieten kann, möchte ich nur kurz nachfragen, ob alles funktioniert hat.

- *Hast du deinen Downloadlink erhalten?*
- *Hat das Herunterladen funktioniert?*
- *Haben dir die Infos im Report geholfen?*

Antworte mir bitte auf diese Email mit einem einfachen „Ja" oder „Nein".

Bei einem „Ja" freue ich mich und habe mein Ziel erreicht. Bei einem „Nein" werde ich das sofort prüfen, um den Fehler zu beheben.

Ich wünsche dir noch einen wundervollen Tag.

Roland Hamm

P.S.: Hier ist zur Sicherheit nochmals der <u>Link zum Herunterladen</u> <u>(klicken)</u>.

Hier verlinkst du im P.S. nochmals deine Downloadseite zum Leadmagneten. Bei der dritten Email geht es darum, mit dem Newsletterleser in Kommunikation zu gehen. Wenn dir jemand zurückschreibt, dann solltest du unbedingt drauf mit ein paar Sätzen antworten. Hier geht es nämlich zum einen darum, Vertrauen aufzubauen, aber zum anderen auch um das Whitelisting. Email-Provider und vor allem ihre Spam-Filter erkennen, ob jemand mit einer Email-Adresse andauernd nur versendet oder auch empfängt. Wenn die Kommunikation also nicht nur in eine Richtung geht, sondern in beide Richtungen wird deine Email eher als vertrauenswürdig eingestuft und landet somit nicht im Spam. Daher immer auch gleich zurückschreiben.

Email Nr. 4 - Erster Content auf einen Blogartikel (oder Youtube Video) - 1 bis 2 Tage nach Email Nr. 3

Betreff:

- [Neuer Blogartikel] 3 pfiffige Sparmethoden

Hallo und Servus,

vor Kurzem habe ich einen neuen Blogartikel veröffentlicht, den du dir unbedingt mal anschauen solltest. Ich verrate dir in diesem Artikel drei pfiffige Sparmethoden, mit denen du jährlich bis zu 1.378 Euro sparen kannst.

... und das Beste? Du kannst schon heute damit anfangen.

<u>Schau jetzt hier einfach mal rein [klicken]</u>

Du kannst mir gerne auch deine Meinung darüber schreiben oder Verbesserungsvorschläge als Kommentar unter dem Artikel hinterlassen. Ich lese jeden Kommentar und werde dir natürlich auch persönlich darauf antworten.

Also viel Spaß beim Lesen und eventuell hast auch du einige Aha Erlebnisse [hier klicken]

Beste Grüße aus Neusiedl am See,
Roland Hamm

PS: Hast du dir das hier angeschaut ...
Von 82 % meiner Leser und Besucher zur Empfehlung des Jahres gewählt.
Neugierig? Dann klicke einfach hier

Mit der vierten Email bringst du deinen Lesern hochwertigen Content und sorgst dafür, dass deine Leser öfter auf deinem Blog vorbeikommen und einen Kommentar hinterlassen. Verlinkt werden in dieser Email wieder die ersten zwei unterstrichenen Texte mit dem Link zum Blogartikel. Im P.S. verlinkst du nochmals das Affiliate-Angebot aus der Email Nr. 2.

Email Nr. 5 - Erstes Angebot auf ein Affiliate-Produkt - 1 bis 2 Tage nach Email Nr. 4

In der fünften Email kannst du dann schon das erste **Affiliate-Produkt** bewerben. Einige Vendoren bieten dir dazu schon vorgefertigte Email-Serien an. Diese solltest du natürlich nicht 1 zu 1 übernehmen, sondern am besten abändern und auf deinen Schreibstil anpassen. Am besten werden Emails, wenn du Storytelling betreibst. Also eine Geschichte um das Produkt schreibst. Wie hat es dir weitergeholfen und dein Problem gelöst. Idealerweise schreibst du für die Bewerbung eines Produktes immer eine 3er Email-Serie.

Die perfekte Email 3er Serie

Generell solltest du ein Affiliate-Produkt, aber auch deine eigenen Produkte immer in einer 3er Serie versenden. In der ersten Email informierst du den Kunden über das Produkt. In der zweiten Email gehst du auf eventuelle Fragen ein. Das ist also eine FAQ-Email. Und in der dritten Email geht es um die letzte Erinnerung und die künstliche Verknappung. Also die letzte Chance Email.

Wie ist eine Email aufgebaut?

Eine Email ist so aufgebaut:

- **Betreffzeile** (= das wichtigste)
- **Lead** (= Einleitung, also die ersten 3 Zeilen)
- **Hauptteil**
- **Call to Action** (CTA)

Als ersten Schritt überlegst du dir, über welches Thema du schreiben möchtest. Danach textest du die Betreffzeile und schreibst eine starke Einleitung mit etwa drei Zeilen (2-3 Sätze). Die Einleitung auch Lead genannt, soll den Leser in die Email reinziehen. Dann kommt der Hauptteil, der eigentliche Inhalt der Email. Zum Schluss folgt dann der „Call to Action". Deine Aufgabe ist es daher, so einen guten Text zu schreiben, dass der Leser am Ende auf den Link klickt.

So hast du mehr Erfolg mit deinen Emails

Der wichtigste Faktor bei einer Email ist die Betreffzeile. Sie entscheidet nämlich, ob die Email geöffnet wird oder nicht. Die Betreffzeile hat nur **ein Ziel: Der Leser soll die Email öffnen.**
Achte ab heute auf dein Email-Postfach und notiere Betreffzeilen, welche dich persönlich ansprechen in deinem Swipe-File.

So hast du immer Vorlagen, wenn du deine Betreffzeilen textest.

Was erhöht deine Öffnungsraten:

- Neugier
- Schockierende Inhalte
- Ausgefallene und verrückte Inhalte
- Fakten
- Direkter Vorteil
- Witziges (Humor)
- Wortspiele und Sprüche

Beim Texten einer Betreffzeile musst du alles daran setzen, dass der Leser deine Email auch öffnet. Nur wenn er sie öffnet, kannst du auch etwas verkaufen. Sehr gut funktionieren Betreffzeilen die neugierig machen oder einen direkten Vorteil bieten.

Zum Thema Betreffzeilen kann ich dir den Sonderreport von Ralf Schmitz „7 E-Mail Marketing Hackz" sehr empfehle. Er verrät dort drei Tricks für deine Betreffzeile, die deine Öffnungsraten explodieren lassen.

Mehr dazu hier:
www.roland-hamm.com/7-email-marketing-hackz

Hat ein Leser deine Email geöffnet, dann war das aber nur die halbe Miete. Denn das Wichtigste ist jetzt, dass er auf den Link in der Email klickt.

Deine Email hat im Endeffekt zwei Ziele.

* Die Email soll geöffnet werden
* Der Leser soll danach auf den Link klicken.

Die meisten Emails, welche dir von den einzelnen Vendoren zu ihren Affiliate-Programmen zur Verfügung gestellt werden, sind meistens getestet und optimiert. Auf diese Optimierung darfst du dich aber nicht in jeder Nische verlassen. Daher empfehle ich dir Emailschreiben zu lernen.

Das beste Buch zum Thema Email-Marketing habe ich von René Rink gelesen. Es heißt „Der E-Mail Insider - Das einzigartige 33-Minuten Erfolgskonzept". Viele Emails, Blogartikel und Ideen bei mir sind nur entstanden, weil ich dieses Buch gelesen habe. Ich finde sogar, dieses Buch sollte jeder lesen, der im Online-Marketing tätig ist. Das Buch kannst du regulär für 69 Teuronen kaufen oder über meinen Link im Tausch gegen eine Versandpauschale:
www.roland-hamm.com/der-e-mail-insider

In diesem Buch lernst du verkaufen, ohne zu verkaufen, und eine Methode wie du mit nur 33-Minuten Aufwand coole Mails schreibst, die nicht nur geöffnet und gelesen werden, sondern vor allem auch Verkäufe generieren.

Wie oft soll ich eine Email senden?

Hier gehen die Meinungen auseinander. Es gibt Marketer, die schreiben täglich eine Email und welche die schreiben 3 bis 4 pro Woche. Am Anfang würde ich dir 3-4 Emails pro Woche empfehlen. Bei mir haben sich der Dienstag, der Donnerstag und der Sonntag sehr gut bewährt. Unter der Woche versende ich zwischen 14.00 und 16.00 Uhr und am Wochenende zwischen 9.00 und 10.00 Uhr. Das ist aber nur eine Faustregel und kann in jeder Nische anders sein. Teste daher bei deinen Emails am Anfang unterschiedliche Zeiten und Wochentage. Die drei Email-Marketing-Programme, die ich dir empfohlen habe, tracken sowieso die Öffnungsrate und die Klickrate. So kannst du jede Woche prüfen, was gut und was nicht so gut war.

Das Wichtigste zum Thema Email-Marketing auf den Punkt gebracht:

- Die Öffnung deiner Emails ist der wichtigste Punkt.
- Das Zweitwichtigste ist der Klick auf den Link in der Email.
- Teste verschiedene Versandzeitpunkte (Wochentag und Uhrzeit).
- Teste verschiedenste Betreffzeilen.
- Nicht immer die gleichen Betreffzeilen verwenden, weil diese an Effektivität verlieren.
- Nutze gut funktionierende Headlines in leicht abgeänderter Form immer wieder.

Action Schritt: Erstelle jetzt deinen ersten Autoresponder-Prozess

Entscheide dich für einen Email-Marketing-Anbieter und richte die Grundeinstellungen ein. Jetzt musst du auch das „Autoresponder HTML Code Formular" in deine Landing-Page einbinden.

Suche dir ein Affiliate-Produkt, welches du bewerben möchtest. Erstelle deine ersten fünf Emails und binde diese in den Autoresponder ein. Füge jede Woche drei bis vier weitere Emails zu deinem Autoresponder hinzu. Achte darauf, dass du nicht nur „Werbe Emails" verschickst, sondern auch Content mit Mehrwert und vor allem auch auf deine Blogartikel verlinkst.

Das Wichtigste danach ist aber die Überprüfung deines kompletten Funnels. Also trage dich in deinen eigenen Newsletter ein und prüfe, ob alles einwandfrei funktioniert und auch ob die Emails ankommen.

Schritt 10 - Die Conversion = Dein Motor

Die wohl beste Erklärung zu Conversion und Traffic habe ich im Buch „Umdenken - Traffic ist nur der Treibstoff - Conversion ist Cash" von Florian Schoel erhalten. Flo, den ich persönlich sehr gut kenne und schätze, weil er für mich der absolute Experte im Bereich Traffic und Conversion ist, erklärt das in etwa so:

Deine Webseite ist dein Auto. Der Motor ist die Conversion und der Traffic ist der Treibstoff. Ist dein Motor (= Conversion) kaputt, was bedeutet, dass deine Webseite eine sehr, sehr schlechte Sales-Conversion (= Verkaufsrate) hat, dann kannst du in den Tank noch so viel Treibstoff (= Traffic) einfüllen, bis aus dem Stutzen sogar schon alles überläuft. Dein Fahrzeug und somit dein Business wird sich nicht vom Stand wegbewegen.

Dein Motor, also die Sache mit der Conversion, muss funktionieren. Auf der anderen Seite wenn dein Motor funktioniert, musst du den richtigen Treibstoff (= kaufstarker Traffic) einfüllen und auch immer dafür sorgen, dass auch genügend Sprit (= laufend Traffic) im Tank drin ist. Wenn dein Motor Benzin (= Zielgruppe) braucht, du aber Heizöl tankst (= falsche Zielgruppe und sehr schlechter Traffic), weil du Geld sparen willst. Dann wird dein Wagen nicht weit kommen und sofort einen Motorschaden haben.

Auf den Punkt gebracht:

- richtiger Treibstoff = Zielgruppe
- voller Tank = ausreichend Traffic, der auch kaufbereit ist
- funktionierender Motor = gute Conversion

Die Conversion zeigt die Umwandlung von einem Webseitenbesucher zu einer bestimmten Aktion. Dies kann beispielsweise der Kauf eines Produktes, die Eintragung in einen Newsletter oder ein Klick auf einen Banner sein. Ist die Sales-Conversion-Rate 1 %, dann hat von 100 Besuchern eine Person gekauft.

Warum die Conversion so wichtig ist

Die Conversion zeigt dir ganz klar, wie gut dein Marketing ist. Nur, wenn du deine Conversion-Zahlen kennst, dann kannst du auch etwas optimieren.

Du musst daher deine Zahlen kennen!

Welche ZDF (Zahlen, Daten und Fakten) du brauchst:

- Opt-in-Conversion (Wie viele Besucher tragen sich in deinen Newsletter ein?)
- Sales-Conversion (Wie viele kaufen das Affiliate oder dein eigenes Produkt?)
- Email-Öffnungsrate
- Email-Klickrate
- Webseitentraffic (= Webseitenbesucher)

Es gibt zwar noch weitere Zahlen, diese spielen im ersten Moment aber noch keine so wichtige Rolle. Wahrscheinlich stellst du dir jetzt die Frage, was eine gute und was eine schlechte Conversion ist. Hier möchte ich dir deshalb Richtwerte geben.

- Eine Landing-Page hat eine realistische Conversion-Rate von 20-25 %
- Eine Verkaufsseite hat eine Conversion-Rate von 1-5 %. Sehr gute Seite haben noch weitaus mehr.
- Gratisbücher haben eine Conversion-Rate von 20-25 %.
- Email Öffnungsrate von 50 % oder mehr
- Klick Rate in der Email von 50 % oder mehr

Zerbreche dir darüber aber nicht den Kopf, wenn du diese Zahlen am Anfang nicht erreichst. Wichtig ist, überhaupt mal deine Zahlen zu kennen, dass du im nächsten Schritt optimieren kannst.

Damit du nicht im Blindflug unterwegs bist, musst du alles, was du machst, tracken!

Im Online-Marketing hast du gegenüber dem „offline"-Marketing einen entscheidenden Wettbewerbsvorteil. Du kannst jede Werbeaktion sofort klar und eindeutig messen. Aber nur wenn du das Tracking auch verwendest.

Zu allererst musst du auf deiner Webseite Google Analytics installieren. Es würde den Rahmen dieses Buches sprengen, wenn ich dir jetzt genau erklären würde, wie du das machst. Daher empfehle ich dir, einfach auf YouTube oder Google nach „Google Analytics einrichten" oder „Google Analytics bei WordPress einrichten" zu suchen. Danach suchst du noch nach „Google Analytics Tutorial deutsch".

Dann installierst du noch die Google Search Console. Hier gehst du genauso vor wie bei Google Analytics. Einfach auf YouTube oder Google nach „Google Search Console einrichten" suchen.

Ich weiß, dass diese Einrichtung am Anfang vielleicht etwas kompliziert erscheint. Aber diese zwei Tools sind wichtig. Die Einrichtung ist sowieso nur einmal zu erledigen, danach geht es nur noch um das Auslesen der Zahlen.

Das Nächste, was du tracken solltest, sind deine Affiliate-Links. Vor allem müssen deine Affiliate-Links unbedingt verkürzt und verschönert werden. Diesen Part übernimmt das kostenlose WordPress Plugin „Pretty Link". Ein Affiliate-Link wird aber nicht nur gekürzt, damit er besser ausschaut. Es schützt auch vor Provisonsklau und dient dazu, dass im ersten Moment nicht erkennbar ist, dass es sich um einen Affiliate-Link handelt.

Vermeide unbedingt Link Shortener wie bit.ly oder t2mio.com. Sie haben meiner Meinung nach mehrere Nachteile. Weil diese Shortener kostenlos sind, werden sie gerne auch

von Spammer verwendet. Solche Links sind daher auf Plattformen wie Pinterest verboten. Diese Links wecken auch nicht
gerade Vertrauen beim User.

Der größte Nachteil dabei ist aber, dass diese Links im Nachhinein nicht mehr geändert werden können. Ändert sich
beispielsweise der Affiliate-Link, was durchaus vorkommen
kann, dann kannst du ihn nicht mehr ändern.

Nehmen wir nochmals das Beispiel von Digistore24 her. Ein
Affiliate-Link schaut beispielsweise so aus:
https://digistore24.com/redir/Produkt/AFFILIATE/CAM-
PAIGNKEY

Das Wort „AFFILIATE" ersetzt du mit deiner Digistore24-ID
und das Wort „CAMPAIGNKEY" mit einem Tracking Kürzel.
Ich nehme für Facebook das Kürzel „fb", für Instagram
„insta", für einen Newsletter „nl", bei meinen Blogs ein Kürzel für die Domain „rhcom" usw. Teilweise füge ich noch bei
Newslettern den Wochentag hinzu und welche Email das war.

Erfolgt dann ein Verkauf über meinen Link, kann ich in Digis-
tore24 nachschauen, welche Werbemaßnahme diesen Verkauf
gemacht hat. Das ist sehr wichtig, denn nur so kannst du
messen, was funktioniert und was nicht. Hast du dann einmal
100 oder 200 Klicks generiert und kein einziger Verkauf hat
stattgefunden, dann hat das Produkt eine sehr schlechte
Conversion oder die ausgewählte Traffic-Quelle ist schlecht.

**Affiliate-Link mit dem WordPress Plugin Pretty Link schüt-
zen**

Der geschützte und schönere Link, welchen ich mit Pretty
Link erstellt habe, schaut dann so aus:
www.roland-hamm.com/tipp

Als alternativen Link Shortener kann ich dir auch Convertlink
empfehlen. Convertlink lässt sich ohne Webseite betreiben
und hat ein paar richtig coole Funktionen. Mehr über Con-

vertlink und welche Link Shortener du vermeiden solltest, erfährst du im Online-Portal.

Wichtig! Teste unbedingt jeden Link, ob er auch richtig funktioniert, bevor du ihn verwendest. Nichts ist schlimmer, als wenn du eine geile Promotion machst und dann funktioniert der Link nicht.

Das wichtigste Tool im Online-Marketing = A/B-Split-Test!

Die ersten Jahre meiner Online-Marketing-Karriere habe ich das Splittesten mehr oder weniger vernachlässigt. Ich dachte immer, du brauchst einfach nur mehr Traffic, dann wird schon jemand kaufen. Leider falsch gedacht.

Doch was ist A/B-Splittesten?

Beim A/B-Splittesten erstellst du zwei gleiche Landing-Pages. Landing-Page A und Landing-Page B. Der einzige Unterschied zwischen den beiden Seiten ist immer nur ein Element. Das kann die Headline sein, die Sub-Headline, das 3D-Cover, der CTA, der Produktpreis usw. Kommt ein Besucher auf deine Website, sieht der Besucher 1 die Landing-Page A und der Besucher 2 Landing-Page B. Besucher 3 sieht wieder Landing-Page A und Besucher 4 wieder Landing-Page B. Also immer im Wechsel werden die Webseiten angezeigt.
Diese Technik übernimmt ein sogenanntes Split-Test-Tool. Dieses berechnet dann auch die Conversion-Rate und somit ergibt es, bei einer ausreichenden Anzahl an Besuchern, dann auch ein Endergebnis und einen Sieger, der dann für alle Besucher angezeigt wird. Um die Conversion-Rate permanent zu steigern, führst du daher laufend neue Split-Tests durch. Wenn du Thrive Themes verwendest, dann ist dort auch ein Split-Test-Plugin dabei.

Am besten startest du einen Split-Test auf einer Webseite von oben nach unten. Da die Headline das Wichtigste an einer Landing-Page oder Verkaufsseite ist, testest du immer zuerst die Headline. Wenn du einen Split-Test abgeschlossen hast, dann startest du einen neuen Split-Test.

Action Schritt: Starte deinen Conversion-Motor

Richte auf deiner Webseite Google Analytics und die Google Search Console ein. Beide Tools kannst du kostenlos nutzen. Alles was du dafür benötigst, ist ein Google-Konto. Eine Installationsanleitung findest du auf YouTube.
Verwende ein Split-Test-Tool und richte auf deiner Landing-Page den ersten Headline-Split-Test ein.

Testen, testen, testen, lautet die Devise!

Tracke ab heute alle deine Affiliate-Links und verkürze sie mit Pretty Link oder Convertlink.

A/B-Testing Mindset - Gastartikel von Florian Schoel

Über den Tellerrand schauen

Ich mag Dinge, die mir mein Leben vereinfachen. Und A/B-Testing steht ganz oben auf dieser Liste der Dinge, mit denen ich sehr viel Zeit, Nerven und Kosten sparen kann.

Viel zu viel Zeit habe ich in meiner Onlinebusiness-Karriere schon darauf verschwendet, mir den Kopf darüber zu zerbrechen, was denn den Besuchern meiner Webseiten gefallen könnte.

Stunden über Stunden diskutierte ich mit Webdesignern, Programmierern, Fotografen und Kollegen. Jeder hatte eine andere Meinung darüber, wie denn jetzt die Webseite aussehen sollte.

Bis ich dann in den USA für sieben Jahre Teil eines E-Commerce-Teams von Fossil, Diesel, Adidas, Armani und anderen Top Marken sein durfte.

Hier wurden Online-Shops innerhalb kürzester Zeit auf 6 bis 7-stellige Umsätze gebracht.

Eine Sache, die mir damals direkt In den ersten Wochen aufgefallen ist: Diese Diskussionen darüber, wie die Webseite auszusehen hat, die gab es dort in den USA einfach nie. Die Meinung des Einzelnen war niemals ausschlaggebend dafür, was denn tatsächlich dann am Ende jeder Diskussion auf der Webseite gezeigt wurde.

Nicht einmal der „Chief Art Director" oder auch der „Vice President für Marketing" hatten hier wirklich etwas zu melden.
Rang und Namen spielten keine Rolle.
Meinungen waren unwichtig.
Alles was zählte war: Umsatz, Leads und die Zufriedenheit der Webseiten-Besucher. Kurz gesagt, hier war wirklich der Kunde König.

Mein damaliger Boss fasste es in einem Satz zusammen:
„Es ist nicht unsere Entscheidung wie die Webseite auszusehen hat, sondern einzig und allein die Entscheidung unserer Besucher."

Nun, mein Boss in Dallas/Texas hatte recht: Nichts anderes als der Besucher zählt.
Denn es sind die Besucher von unseren Webseiten, die wir davon Überzeugen müssen, dass der Kauf bei uns eine gute Idee ist.

Ab diesem Moment war ich bekehrt und bin seitdem bekennender "A/B Tester".

Über die letzten zehn Jahre habe ich Tausende von A/B-Tests durchgeführt und dadurch Millionen an zusätzlichem Umsatz für meine Webprojekte und die Projekte meiner Kunden generiert. (Die Ergebnisse sprechen hier in jedem Fall für sich - siehe die original Bildschirmfotos unten.)

Ich habe in der Zeit aber noch drei weitere unschlagbare und viel wertvollere Vorteile des A/B-Testings kennengelernt:

Unfassbare Zeitersparnis
Anstatt mir stundenlang den Kopf zu zerbrechen, zu diskutieren und zu debattieren, schicken wir einfach einen neuen A/B-Test auf den Weg und lassen die Besucher entscheiden. Das spart enorm viel Zeit.

Ein freier Kopf

Mit einer der wichtigsten Erfolgsfaktoren im Website-Business ist Fokus. Somit ist jede Entscheidung, die ich nicht selbst treffen muss ein enormer Gewinn. Mit jedem zusätzlichen A/B-Test überlasse ich die Entscheidung meinen Besuchern und brauche mir selbst keinen Kopf darüber machen.

Ein entspannteres Leben

Wenn ich eine Entscheidung selbst treffe, dann ist sie entweder richtig oder falsch. Wenn ich mich für eine bestimmte Änderung auf meiner Webseite entscheide, dann bringt sie entweder bessere oder schlechtere Ergebnisse. Somit laufe ich immer Gefahr durch eine falsche Entscheidung die Ergebnisse verschlechtert zu haben. Das ist immer wieder aufs Neue ein kleiner Rückschlag und Misserfolg.

Die Entspannung, die sich breitmacht, wenn man sich von diesen Misserfolgen befreit, ist ein wirklich schöner Nebeneffekt vom A/B-Testing.
Denn es bin ja nicht mehr ich, der die Entscheidungen trifft. Mit jedem A/B-Test entwickle ich nur mögliche Optionen und lege sie meinen Besuchern zur Auswahl vor.
Eine dieser Optionen wird von meinen Besuchen dann favorisiert und von meinem A/B-Testing-Tool als Gewinner ermittelt.
Jeder A/B-Test ist somit immer ein kleiner Gewinn und ein kleiner Erfolg.
Ich lagere die Entscheidung also aus. Ich muss keine Entscheidungen mehr selbst treffen, vermeide so das Gefühl von Rückschlägen und feiere mit jedem A/B-Testing einen weiteren kleinen Minierfolg. Denn jeder A/B-Test hat eine eindeutig beste Variante.
Das befreit, und ist zudem enorm motivierend.

Fazit:

Wenn deine Webseitenbesucher noch nicht das machen, was du dir wünschst, dann zeigst du auf deiner Webseite einfach noch nicht das, was deine Besucher sich wünschen.

Es gibt keinen einfacheren Weg diese Situation zu verändern und deine Webseite zur Top-Leistung zu bringen, als die Besucher selbst darüber entscheiden zu lassen, was sie gerne sehen möchten.

Dann zeigst du plötzlich (ohne großen Aufwand) deinen Besuchern genau das, was sie sehen möchten und deine Besucher werden genau das machen, was du dir wünscht.

So bringt A/B-Testing in jedem Fall mehr Leads, mehr Verkäufe, mehr Kontakte und darüber hinaus noch mehr Zufriedenheit, Zeitersparnis, einen klaren Kopf und ein entspannteres Leben für dich als Webseiten-Business-Betreiber.

Und der Bonus: Das alles ohne zusätzlichen Traffic!! Du machst einfach mehr Leads und Umsatz aus dem Traffic, der ohnehin schon jeden Monat zu dir auf die Seite kommt.

Meiner Meinung nach sind das alles sehr gute Gründe um A/B-Testing als eins der wichtigsten Tools in deinen Erfolgsbaukasten aufzunehmen.

Fallstudie 1: 43'680 €/Jahr zusätzlich

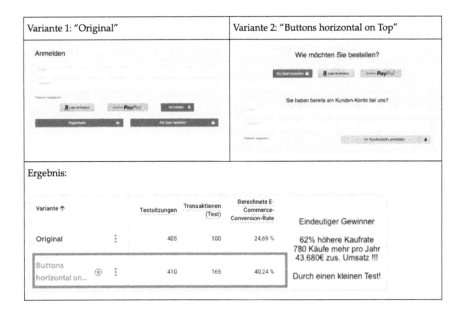

Mit diesem einen A/B-Test konnten wir in wenigen Wochen den Umsatz in diesem Shop um über 40´000 € pro Jahr steigern. Mit nur einer kleinen Änderung die in unter zwei Minuten erledigt war.

Ein Vielfaches an zusätzlichen Warenkörben führte zu dauerhaft mehr Umsatz.

Fallstudie 2: 888 zusätzliche Leads pro Jahr

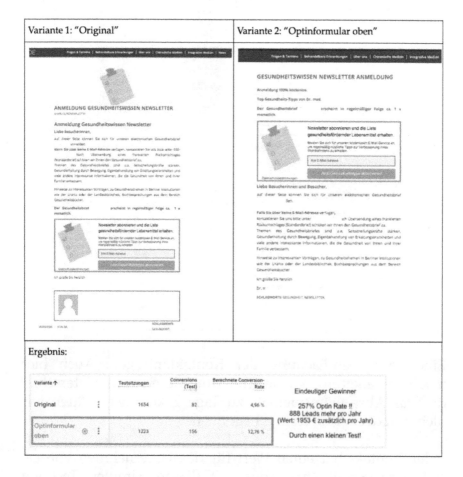

Eine ebenso kleine Änderung führte in diesem Fall zu bedeutend mehr neuen Leads in der Email Liste dieses Kunden.

Ganze 888 Leads zusätzlich jedes Jahr. Aufwand für diesen Test - verschwindend gering bei unter fünf Minuten.

Fallstudie 3: 204 Kontakte zusätzlich (ca. 20'400 €/ Jahr)

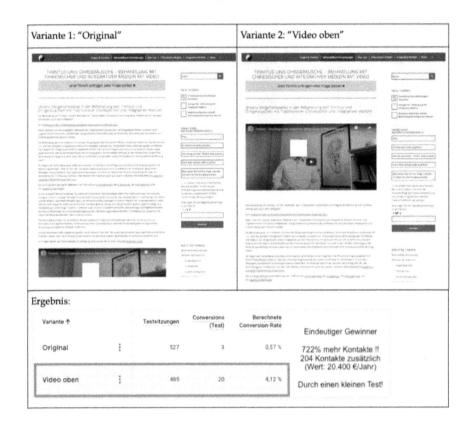

Eine Ver-Sieben-Fachung der Kontaktanfragen. Auch hier machte wieder eine kleine Änderung riesengroße Unterschiede. Das Alles wäre niemals zu Tage gekommen, hätten wir nicht mit dem A/B-Testing begonnen.

Jeder Kontakt hat einen Wert für das Unternehmen von ca. 100 Euro. Somit entstanden mit diesem simplen Test ein zusätzlicher Wert von 20'400 €/Jahr.

„Jeden Tag, an dem du weiter auf A/B-Testing verzichtest, verzichtest du auf zusätzliche Leads und Umsatz." - Florian Schoel

Ich wünsche dir jetzt viel Erfolg, viele erfolgreiche A/B-Tests, zusätzlichen Umsatz und Leads ohne Ende,

Bis bald,
Dein Florian Schoel.

P.S. Ich habe ein kleines Training vorbereitet, indem ich dir im Detail zeige, wie du mit A/B Tests starten kannst und wie du auch direkt in deinem ersten Test solche große Erfolge feiern kannst.

Am besten du springst jetzt gleich ins kostenlose Training zum A/B-Testing:

www.roland-hamm.com/a-b-testing-training

Über Florian Schoel

Florian ist Geschäftsführer der E-Commerce Consulting Agentur www.conversion.consulting. Er berät, coacht und hilft Unternehmen und Webseitenbetreibern dabei, ihre Webseiten erfolgreich zu machen.
Er ist gefragter Speaker zum Thema Traffic- und Conversion-Optimierung.
Die Kunst des Verkaufens im Internet hat Florian sieben Jahre lang bei Fossil, einem großen Lifestyle- und E-Commerce Unternehmen in den USA, erlernt.

Schritt 11 - Der Traffic = Dein Treibstoff

Das beste Produkt ist ohne Traffic nichts wert! Du kannst noch so ein tolles Produkt oder eine tolle Dienstleistung anbieten. Wenn aber niemand „Wind davon bekommt", also nicht weiß, was du cooles anbietest, dann wirst du auch nichts verkaufen.

Traffic zu generieren, ist sicher eine der größten Herausforderungen im Online-Marketing. Die Sache mit dem Traffic ist entscheidend dafür, ob du nur ein paar „Kröten" verdienst oder an einem Tag mehr Geld machst, als so manche Menschen in einem ganzen Monat verdienen.

Traffic ist außerdem nicht gleich Traffic. Auf vielen unseriösen Webseiten wird dir versprochen, tausende Besucher zu erhalten. Aber was nützen dir tausende und millionen Besucher, wenn sich davon „kein Schwein" für dein Produkt interessiert. Klar, wenn du eine gewisse Anzahl an Besucher erreichst, kann auch ein blindes Huhn mal ein Korn finden und einen Kauf tätigen. Das war es dann aber schon.
Die meisten Menschen verdienen mit ihrem Business kaum Geld, weil sie es nicht schaffen Reichweite aufzubauen und Traffic zu generieren. Wichtig ist dabei, dass der Conversion-Motor richtig laufen muss. Deine Landing-Page sollte zumindest 10 % Conversion haben, bevor du für Traffic Geld ausgibst. Eine Verkaufsseite sollte mindestens eine Conversion von 1% haben. Durch das permanente Splittesten schraubst du dann deine Conversion in die Höhe und verdienst so trotz gleicher Menge an Traffic mehr Geld.
Es ist daher wie schon erwähnt beim Traffic nicht die Masse entscheidend, sondern die Klasse. Traffic wird unterschieden zwischen kostenlosem Traffic und kostenpflichtigem Traffic. Kostenlosen Traffic kannst du nicht kontrollieren, dafür aber kostenpflichtigen.
Weiter gibt es kaufstarken Traffic und kaufschwachen Traffic. Idealerweise hast du nur kaufstarken Traffic auf deiner Web-

seite, der vor allem nichts kostet. Aber leider ist die Sache mit dem Traffic kein Wunschkonzert.

Kostenlose Traffic-Quellen

Der größte Nachteil beim kostenlosen Traffic ist, dass dieser nicht kontrollierbar ist. Du kannst nicht entscheiden, wer wo drauf klickt und wer nicht. Du kannst auch nicht entscheiden, woher der Traffic kommt. Beim kostenlosen Traffic musst du außerdem Zeit investieren. Diese Arbeitszeit solltest du auch rechnen, denn deine Arbeitszeit hat auch ihren Preis.

Wie du deinen Arbeitspreis ermittelst?

Ganz einfach, rechne alle deinen Einnahmen im Monat zusammen und teile diese durch die Anzahl der Stunden, die du im Monat arbeitest. Bei einer 38,5 Stunden Woche, arbeitest du im Durchschnitt ca. 167 Stunden. Bei einer Arbeitszeit von 40 Stunden arbeitest du im Monat ca. 174 Stunden. Dazu rechnest du dann noch die Arbeitsstunden deiner weiteren Einkommensquellen.
Wenn du ein Onlinebusiness richtig aufbauen und vorantreiben möchtest, dann solltest du nebenberuflich schon zwei bis drei Stunden pro Tag an deinem Onlinebusiness arbeiten. Am Samstag eventuell auch acht Stunden. Den Sonntag machst du frei. Wenn du sehr ehrgeizig bist, dann arbeitest du auch am Sonntag.
Ich höre dich jetzt schon „jammern"; „Was so viel Zeit soll ich in meiner Freizeit „opfern"? Das sind ja mindestens 20 Stunden pro Woche." Das ist leider das falsche Mindset, denn du opferst nicht deine Freizeit, sondern du investierst Zeit in deine Zukunft und in eine sprudelnde Einkommensquelle. Ist diese einmal richtig angezapft und zum Sprudeln gebracht worden, dann läuft sie auch, wenn du weniger oder mal gar nichts machst, im Gegensatz zu einem 9-to-5-Job, bei dem du Zeit gegen Geld tauschst.

Jetzt bin ich ein wenig abgeschweift, mir war es aber wichtig hier nochmals eindeutig zu vermitteln, dass du auch deinen „Arsch" bewegen musst, beim Aufbau eines Onlinebusinesses. Das verraten dir am Anfang nämlich die wenigsten „Online-Gurus" oder Networker. **Drei Mal auf der Tastatur klimpern und schon kommt die Hand mit dem Geld aus dem Computer, so läuft es leider nicht.**

Kommen wir daher nochmals zur Ermittlung des Arbeitspreises. Deine Arbeitszeit für deinen Hauptjob bei einer 38,5 Stunden Woche sind somit 167 Stunden. Im Schnitt rechne ich hier 2,5 Stunden mal 30 für das Onlinebusiness. Das sind dann 75 Stunden im Monat. Macht eine gesamte Stundenanzahl von 242 Stunden, die du pro Monat arbeitest.
Verdienst du jetzt mit deinem Hauptjob 1.800 Euro netto und mit deinem Nebeneinkommen 600 Euro, hast du 2.400 Euro Einnahmen im Monat. Jetzt dividierst du 2´400 Euro durch 242 Stunden und kommst auf einen Arbeitspreis von gerundet 9,92 Euro.

Fazit: Der kostenlose Traffic ist gar nicht so kostenlos und kostet dich im ersten Moment pro Stunde Zeiteinsatz 9,92 Euro. Behalte diese Rechnung unbedingt im Kopf! Deinen Arbeitspreis kannst du jetzt für jede Tätigkeit berechnen. Brauchst du eine Stunde zum Erstellen eines 3D-Covers, dann hat es dich 9,92 Euro gekostet. Schreibst du drei Stunden einen Blogartikel, dann hat dich das 29,76 Euro gekostet.
Verbringst du täglich eine Stunde unnötig auf Social Media, um zu schauen, was es Neues gibt, hast du indirekt 9,92 Euro zum Fenster hinausgeworfen.

Und jetzt kommt das Wichtigste!

Was ist der Unterschied zwischen einer Ausgabe und einer Investition?

Die einfachste Definition lautet:

Eine Ausgabe zieht dir Geld aus der Brieftasche und eine Investition bringt dir Geld in die Brieftasche.

Wenn du also eine Stunde unnötig im Internet oder auf Social-Media-Kanälen surfst, dann war das eine Ausgabe. Es hat dich vor allem Lebenszeit gekostet. Schreibst du aber drei Stunden lang einen Blogartikel, stellst diesen online und bewirbst ihn, dann hast du 29,76 Euro investiert. Du kannst diese 29,76 Euro nämlich verzehnfachen oder sogar verhundertfachen.

Denn, wenn du damit Leads einsammelst oder ein Affiliate-Produkt bewirbst, dann erhältst du laufend Provisionen. Wenn du deine Affiliate-Links, so wie ich es dir schon empfohlen habe, trackst, kannst du jederzeit bei deinen Statistiken nachschauen wie viel Provisionen dir dieser Artikel bisher gebracht hat. Ich habe Blogartikel vor Jahren erstellt, die mir bis heute noch jede Woche eine Provision abliefern.

Achte bei jeder Tätigkeit darauf, ob es eine Investition ist oder eine Ausgabe!

Einen wichtigen Hinweis möchte ich noch zum Arbeitspreis anmerken. Wenn du mit deinem Onlinebusiness mit der Zeit mehr Geld verdienst, dann steigt auch der Arbeitspreis. Du solltest jetzt eine neue Berechnung machen und nur noch die Einnahmen von deinem Onlinebusiness durch die tatsächliche Arbeitszeit von deinem Onlinebusiness rechnen. Verdienst du beispielsweise statt 600 Euro schon 3´000 Euro, dann kommt bei einer Arbeitszeit von 75 Stunden ein Arbeitspreis von 40 Euro pro Stunde heraus.

Ab diesem Zeitpunkt lohnt es sich, einfache Tätigkeiten von einen Freelancer erledigen zu lassen, weil diese für einen Stundensatz von nur 15 bis 20 Euro zu haben sind. Wenn du ein bis zwei Stunden für ein 3D-Cover brauchst, würde dich das indirekt 40 bis 80 Euro kosten. Ein Freelancer erledigt so eine Aufgabe pauschal für 5 bis 30 Euro. Eine Liste von Jobportalen zum Outsourcen von bestimmten Tätigkeiten findest du im Bonusbereich des Online-Portals.

Da du jetzt berechnet hast, wieviel Geld deine Arbeitszeit wert ist, solltest du auch wirtschaftlich bei deinen Tätigkeiten denken. Vor allem bei der Auswahl des Traffic-Kanals.

Auch wenn der kostenlose Traffic nicht so kontrollierbar ist, hat er aber einen entscheidenden Vorteil. Wenn du gute Arbeit leistest, dann bekommst du langfristig kostenlosen Traffic. Somit ist deine einmal gemachte Arbeit auch nachhaltig und vor allem steigt der Traffic von Woche zu Woche automatisch. Meiner Meinung nach, kann kostenloser Traffic nochmals aufgeteilt werden in kurzfristig und langfristig oder besser gesagt nachhaltig.

Doch was ist der Unterschied?

Nachhaltiger Traffic bringt einmal gemacht auch nach Monaten noch kostenlosen Traffic. Vor allem Suchmaschinenoptimierung kurz SEO fällt in diese Kategorie. Ich habe Blogartikel geschrieben, da bekomme ich für einzelne Artikel noch heute täglich 30 bis 50 Besucher am Tag, obwohl ich diese vor sieben Jahren geschrieben habe. Das meine ich mit Nachhaltigkeit.

Auf der anderen Seite sehe ich Leute, die schreiben coole Facebook-Posts ähnlich wie Blogartikel, aber leider gehen diese in kürzester Zeit in den tiefen von Facebook unter. Das liegt an der Halbwertszeit der einzelnen Social-Media-Kanäle.

Was ist die Halbwertszeit?

Es ist nichts anderes als die Lebensdauer deiner Posts. Während ein Post von Twitter eine „Lebensdauer" von rund 18 Minuten hat, „überlebt" ein Blogartikel bis zu zwei Jahren. Was meine ich damit? Postest du heute um 12.00 Uhr etwas auf Twitter, dann verschwindet dieser Post nach 12.18 Uhr wieder. Vielen deiner Follower wird dieser Post gar nicht mehr angezeigt. Außer er hat nur dich abonniert oder der Post geht viral. Dadurch wird er „künstlich" am Leben gehalten und hat so die Chance extreme Reichweiten zu erlangen. Doch irgendwann ist dann auch Schluss und dieser Post wird vielleicht nur noch gefunden, wenn jemand direkt danach sucht. Twitter ist aber keine Suchmaschine und daher sucht dort auch keiner nach Problemlösungen.

Im Gegensatz zu einem Blogartikel. Dieser bleibt normalerweise einige Wochen und sogar Monate auf deiner Blog-Startseite. Schreibst du einen Blogartikel pro Woche, dann ist er zumindest zehn Wochen auf der Startseite und geht dann automatisch auf deine zweite Blogseite. Ist der Artikel SEO-optimiert und wird eventuell auch geteilt, dann findet ihn auch Google. Hast du deine SEO-Hausaufgaben gemacht, wird der Artikel nicht nur gefunden, sondern erhält auch ein gutes Google-Ranking. Im Optimalfall auf der ersten Seite. Da Google eine Suchmaschine ist und dort Leute nach Problemlösungen suchen, werden sie auch deinen Blogartikel finden.

Suchmaschinen-Optimierung ist eine eigene Wissenschaft und damit könntest du dich Monate beschäftigen. Ich nutze hier Pareto auch als 80/20-Regel bekannt. Mit 20 Prozent SEO muss ich 80 Prozent des Ergebnisses erreichen. Wenn du meine zehn Tipps für einen perfekten Blogartikel umsetzt und das WordPress Plugin Yoast SEO verwendest, dann hast du den größten Teil der Suchmaschinenoptimierung schon erledigt.

Hier möchte ich nochmals auf das kostenlose Training zur „Keyword Analyse" hinweisen. Denn dort lernst du die „Golden Nuggets", also die richtigen Keywords, zu finden. Falls du dich noch nicht angemeldet hast, dann erledige das jetzt. (www.roland-hamm.com/keyword-analyse-machen)

Wie lange ist die Halbwertszeit eines Social-Media-Posts?

Hier möchte ich dir eine kleine Liste geben, wie lange die Lebensdauer der wichtigsten Social-Media-Kanäle in etwa ist.

- Twitter 18 Minuten

- Facebook 5 Stunden
- Instagram 21 Stunden
- Linkedin 24 Stunden
- YouTube 20+ Tage
- Pinterest 4 Monate
- Blog 2 Jahre

Die Frage lautet jetzt: „Muss ich auf jedem Kirtag tanzen?", wie es in Österreich so schön heißt.

Was ich dir empfehlen kann, ist auf jeder dieser Plattformen zumindest einen Account zu erstellen, ein Profil auszufüllen und deinen Link zur Webseite zu hinterlegen. Am besten den Link zu deiner Landing-Page.
Fülle beim Profil unbedingt alles aus und verwende ein persönliches Profilbild. Das schafft wiederum Vertrauen und hebt dich von deinen Mitbewerbern ab. Hier kommt auch mein Buchtitel ins Spiel. Sei ein Rebell, sei anders als die anderen. Schaue dir dazu mal mein Xing-Profil im Vergleich zum Großteil der Xing-Nutzer an. Die sind alle „seriös" und brav und nur ich steche hier als Rebell heraus.

Hier der Link:
www.xing.com/profile/RolandJakobMichael_Hamm

Du erhältst so einen Backlink von den Social-Media-Kanälen, der zwar nur auf „nofollow" steht, zu einem natürlichen Backlink-Aufbau gehören solche Links aber dazu. Außerdem werden Leute, die dein Profil interessant finden, auf deine Webseite klicken, weil sie neugierig sind. Somit erhältst du einen kostenlosen Besucher.

Wie bekommst du Traffic von Social-Media-Kanälen?

Ganz einfach, immer, wenn du einen neuen Blogartikel geschrieben hast, postest du etwas cooles in der Timeline mit einem kurzen Text und dann verweist du auf deinen Blog. Bei jeder Werbeaktion solltest du den Traffic zuerst auf deine Webseite schicken und nicht unbedingt direkt auf ein Affiliate-Produkt. Bewirbst du beispielsweise ein kostenloses Buch, würde ich dieses zuerst kaufen, dann lesen und darüber einen Blogartikel schreiben und ein Selfie von dir mit dem Buch machen.

Hier ein Beispiel von mir:
www.roland-hamm.com/strassenschlau

Diesen Artikel bewirbst du dann auf deinen Social-Media-Kanälen. Da du das Buch selbst hast und deine Leser das sehen, baust du so automatisch Vertrauen auf und die Wahrscheinlichkeit, dass sie das Buch kaufen ist viel höher.
Da jede Social-Media-Plattform ihre Eigenheiten hat und vor allem der Aufbau von Followern sehr zeitintensiv ist, würde ich mich zuerst für eine oder maximal zwei Plattformen entscheiden. Für diese zwei Plattformen würde ich an deiner Stelle dann einen Onlinekurs kaufen, sodass du von Anfang an richtig damit arbeitest. Zum Finden der richtigen Plattformen benötigst du deinen Kunden-Avatar. Auf welchen Plattformen ist deine Zielgruppe unterwegs?
Wenn beispielsweise deine Zielgruppe Unternehmer sind, dann ist Xing und Linkedin besser geeignet als Facebook oder Twitter.

Was viele im Bereich Social Media leider nicht verstehen, ist die soziale Komponente. Dass du Vertrauen bei deiner Community aufbaust und neue Fans gewinnst, musst du auch mit deiner Community interagieren. Also liken, kommentieren oder eine persönliche Nachricht schicken und das lässt sich nicht einfach so mit Tools automatisieren.

Mittlerweile kann ich auf meinen Profilen sofort feststellen, ob jemand selbst einen Kommentar geschrieben hat, oder ob das ein sogenannter Bot war. Also eine Software, die automatisch Kommentare vergibt. Das sind dann immer dieselben Sprüche. Vor allem sind Kommentare wie „Schaue auch gerne auf meinem Profil vorbei" ein absolutes „No Go".

Ich habe bei einem Social-Media-Workshop mit Rainer von Massenbach schon vor Jahren folgenden Spruch gelernt:

„Zuerst stimmt die Chemie und dann stimmen die Zahlen"

Wie soll die Chemie stimmen, wenn sich jemand nicht mal die Zeit nimmt, selbst was Nettes zu schreiben. Genauso finde ich den automatisch Follower-Aufbau komplett sinnlos. Was nützen dir nämlich 10´000 Follower, wenn kaum jemand mit dir interagiert. Schaue dir mal einzelne Profile an. Da hat jemand 10´000 Follower auf Instagram, bekommt aber nicht einmal 50 Herzchen (Likes) für ein Bild.

Auf der anderen Seite gibt es Accounts mit nur 500 bis 1´000 Follower und die bekommen mehr als 200 Herzchen und dann wird noch kräftig unter dem Post kommentiert. Das spricht auch den Algorithmus der einzelnen Plattformen an und pusht somit auch deine Reichweite.

Und genau das ist es ja, was du willst. Organische Reichweite aufbauen und vor allem Fans, die mit dir interagieren und die dich auch lieben. Was nützen dir daher 10´000 Follower, wenn diesen nichts machen und vor allem nichts kaufen. Das wäre so, als ob auf deinem Bankkonto ein plus von 10´000 steht. Dein Geld aber keiner für die Zahlung annimmt und du dieses Geld weder am Bankomaten noch am Bankschalter abheben kannst.

Verwende außerdem ein echtes Profilbild von dir und nicht irgendein Logo oder ein Cover. Ich verstehe nicht, warum sich manche Menschen nicht zeigen. Wenn du ein Onlinebusiness erfolgreich betreiben möchtest, dann musst du auch dein Gesicht zeigen. Versteckte dich daher nicht hinter Logos, denn Menschen kaufen bei Menschen und nicht bei Logos.

Folgende wichtige Regeln solltest du bei Verwendung von Social Media beachten:

- Niemals lügen! Sei immer ehrlich
- Bleib freundlich und beleidige keinen
- Verwende ein Bild von dir als Profilbild
- Keine Bots für das Kommentieren und Liken verwenden
- Keine Bots für Follower Aufbau und das Entfolgen verwenden
- Immer zuerst geben (in Form von Mehrwert, liken, kommentieren) das „nehmen" in Form von Geld kommt dann von alleine

Da mir die Nachhaltigkeit sehr wichtig ist, konzentriere ich mich mehr auf YouTube und Pinterest. Beide werden fälschlicherweise als Social-Media-Plattformen bezeichnet. Das stimmt aber so nicht, denn YouTube ist mittlerweile die zweitgrößte Suchmaschine der Welt. In diesem Fall für Videos. Wenn ich zu einem Thema eine Anleitung oder ein Tutorial suche, dann schaue ich zuerst auf YouTube.
Pinterest wiederum ist eine Bildersuchmaschine. Hier suchen Menschen nach Ideen, Inspirationen, Anleitungen und Lösungen. Auch wenn bei Pinterest Frauen noch die Oberhand haben, kommen jeden Monat immer mehr Männer hinzu. Viele unterschätzen daher diese Plattform und nutzen sie gar nicht. Aber gerade wenn du coole Blogartikel schreibst, kannst du mit Pinterest einiges an kostenlosem Traffic einsammeln und somit auch Leads und Verkäufe generieren.

Warum du YouTube nutzen solltest

Ein YouTube-Video kann sehr schnell und einfach erstellt werden. Du benötigst nur ein Smartphone und schon kannst du ein Video drehen und uploaden. Du hast aber auch die Möglichkeit, mit der kostenlosen Software Version von Loom deinen Computer Bildschirm abzufilmen und so ein Tutorial aufzunehmen.

Mehr dazu hier:
www.loom.com

Wie so etwas aussehen kann, zeige ich dir in meinen beiden YouTube-Videos:

Aufnahme über Loom: Geld verdienen mit Youtube

www.roland-hamm.com/mit-youtube-geld-verdienen

Aufnahme mit dem iPhone: Go! - Der Startschuss in dein neues Leben. Gratis Buch von Damian Richter.

www.roland-hamm.com/video-gratis-buch-go

Nachdem du dein Video erstellt hast, lädst du es bei YouTube hoch. Ein YouTube-Video schafft außerdem Vertrauen, weil dich die User persönlich sehen und das erhöht auch deine Verkäufe. Ich binde daher Videos auch in meinen Blogartikel ein.

Ich kann mich nicht selbst filmen?

So dachte ich früher auch immer und meine ersten Videos waren eine wahre Katastrophe. Aber nur Übung macht den Meister und je mehr Videos du drehst, desto besser wirst du.

Da ich hauptsächlich im Dialekt rede und hochdeutsch nicht gerade meine Stärke ist, wollte ich in den Videos immer hochdeutsch reden, dass mich ja jeder versteht. Leider war eher das Gegenteil der Fall. Im musste mich so konzentrieren, was ich sage, dass sich das Ganze dann anhörte, als ob ich gerade Deutsch lerne und eine hängende Schreibmaschine geschluckt hätte. (Falls du der jüngeren Generation meiner Leser angehörst. Eine Schreibmaschine ist eine Tastatur und ein Drucker in einem, nur dass alles mechanisch abläuft und der Text nur in einer Farbe, meist Schwarz, herauskommt.)

Erst als jemand zu mir gesagt hat, warum sprichst du nicht so, wie dir der Schnabel gewachsen ist, habe ich meine „Video Phobie" überwunden. Für mich ist es jetzt überhaupt kein Thema mehr, ein Video zu drehen. Gunnar Kessler sagte mal in einem Seminar, wenn du Probleme mit Videos hast, dann drehe mit deinem Smartphone 200 Selfie Videos a 2 Minuten. Spätestens dann ist das kein Thema mehr.

Warnhinweis! Nicht jeder wird dich lieben, wenn du auf Social-Media-Kanälen und YouTube unterwegs bist. Mit dieser Tatsache musst du aber leben und als Antwort gibt es nur eine Lösung: **Löschen und blockieren!**

Ja, du hast richtig gelesen. Bei mir gibt es kein bunt, sondern nur schwarz oder weiß. Entweder jemand mag mich oder nicht. Wer mich nicht mag, der kann bleiben, wo der Pfeffer wächst. Schreibt er negativ, dann lösche und blockiere ich ihn, ohne Vorwarnung.

Das nennt man auch ...

„Don´t feed the Trolls"!

Die sogenannten Trolle oder Hater beobachten dich. Oft zerfrisst sie der Neid. Irgendwann kommen sie dann aus ihren Löchern gekrochen und schreiben etwas Negatives. Du kannst daraufhin schreiben, was du willst, denn mit deinem Kommentar fütterst du nur neue Trolle an, die aus dem letzten Loch hervorgekrochen kommen. Diese schreiben dann wieder was Negatives dazu und so schnell kannst du gar nicht schauen, stehst du bis zum Hals in der Scheiße der Trolle. Das kann dir echt den ganzen Tag und vor allem deine Laune verderben.

Daher gibt es nur eine Lösung: Sofort löschen und blockieren!

Gerade auf YouTube würde ich das Kommentieren zwar erlauben, aber jeder Kommentar muss von dir manuell freigeschaltet werden. Bei deinen Blog-Kommentaren würde ich das wie schon erwähnt auch machen. Schaue dazu regelmäßig im Bereich Kommentare nach, schalte die Guten frei und antworte auch auf die Kommentare. Alle anderen löschst du. Sachliche Kritik ist natürlich erlaubt.
Es gibt leider immer wieder so „Schlaumeier" die posten unter einem Video von dir dann ihren Affiliate-Link und glauben sie können hier bei den Provisionen mitnaschen. Wer so agiert, ist nichts anderes als ein „Spammer" und wird

niemals ein erfolgreiches und nachhaltiges Onlinebusiness aufbauen.

Traffic über Blog-Kommentare

Eine weitere Möglichkeit, um kostenlosen Traffic zu erhalten, sind Blog Kommentare bei anderen nischenrelevanten Webseiten oder Blogs. Suche dir dazu einfach über Google die Top 10 Webseiten in deiner Nische. Schaue die einzelnen Artikel an und suche einen passenden für deine Nische raus. Dann kommentiere diesen wertschätzend und mit Mehrwert. Kommentiere aber nur bei Blogs, wo du auch deine Webseite angeben kannst und pro Seite nur einmal am Tag. Die meisten Kommentare müssen nämlich manuell freigeschaltet werden. Schaue daher ein paar Tage später wieder nach, ob dein Kommentar freigeschaltet wurde. Wenn du eine Antwort erhalten hast dann antworte auch darauf.

Wichtig dabei, gib deine Webseite im Feld Webseite und deinen kompletten Namen im Feld Name ein. Ins Kommentarfeld darfst du auf keinen Fall einen Link eingeben. Blogger wie ich, sehen das als Spam und veröffentlichen diesen Kommentar nicht. Schreibe beim Kommentar dann nicht einfach super Artikel, sondern gehe auf den Blogpost im Kommentar ein. Was war super, was könnte noch ergänzt werden? Hast du einen Tipp, der den Artikel aufwertet? Dann verrate ihn. Andere Leute werden das Lesen und dann auf deinen Namen klicken, weil sie wissen möchten, wer hinter diesem tollen Kommentar seht.

Das ist zwar ein wenig Arbeit, aber die lohnt sich. So werden auch andere Blogger auf dich aufmerksam und lesen deine Blogartikel. Bei mir sind auf diese Weise einige Freundschaften entstanden. Hat ein Blogger dann noch einen Podcast oder einen YouTube Kanal, wirst du eventuell mal für ein Interview eingeladen und bekommst so mehr Reichweite.

Reichweite mit einem Podcast-Interview aufbauen

Podcast ist ein Kunstwort und setzt sich aus den Wörtern „Pod" für „play on demand" und „cast" für Broadcast zusammen. Es ist nichts anderes als eine Radioshow, die jeder kostenlos hören kann, der die entsprechende Podcast-App installiert hat.

Du kannst mit einem Podcast sehr viel Reichweite aufbauen. Hier meine ich aber nicht den eigenen Podcast, sondern du nutzt einen reichweitestarken Podcast von jemand anderem in deiner Nische. Viele Podcaster freuen sich, wenn sie neuen Content erhalten.

Wenn du ein iPhone besitzt, dann hast du die Podcast-App automatisch installiert. Suche dort einfach nach einem passenden Podcast in deiner Nische und höre dir diesen an. Wenn du kein iPhone hast, dann google nach Podcast und deinem Nischen-Keyword. Danach schreibst du den Herausgeber des Podcasts an und fragst, ob er mit dir ein Podcast-Interview führen möchte.

Wichtig ist, dabei zu erwähnen, was du dem Podcaster, so nennt man einen Herausgeber eines Podcasts, und vor allem seinen Hörern für einen Mehrwert bieten kannst. Im Interview kannst du, nach vorheriger Absprache, dann auch deinen Leadmagneten bewerben.

Da viele Podcaster, so wie ich auch, eine eigene Webseite haben, erhältst du zusätzlich einen hochwertigen Backlink. Es ist also eine Win-Win-Situation für alle.

Hier findest du meinen Podcast direkt bei Apple:
www.roland-hamm.com/apple-der-geldsack

Hier ist meine Podcast Webseite:
www.geldsack.academy

Tipp: Diese Strategie kannst du natürlich auch für Blog-Interviews oder YouTube-Interviews anwenden.

Traffic über Pinterest

Pinterest wird von vielen Onlineunternehmern noch viel zu stark unterschätzt, vor allem, weil sie nicht verstehen wie Pinterest funktioniert. Pinterest ist eine Suchmaschine für Bilder. Sie funktioniert daher ähnlich wie Google, aber eben nur für Bilder. Du findest dort richtig guten Content. Da auf Pinterest die „Lebensdauer" deiner Pins mindestens vier Monate beträgt und diese immer wieder verlängert werden kann, lohnt es sich, Pinterest zur Generierung von Traffic zu verwenden. Nischen-Themen, die Frauen ansprechen oder in den Bereich Hobbys fallen, sind hier klar im Vorteil.
Ich habe mir in diesem Bereich zwar schon den ein oder anderen Pinterest-Kurs angeschaut, leider war aber noch kein brauchbarer dabei. Am besten lernst du Pinterest daher, wenn du es selbst verwendest. Ich habe dafür eine eigene Pinnwand erstellt und sie „Pinterest richtig nutzen" getauft. Mittlerweile findest du dort über 430 Tipps und Tricks zu Pinterest.

Hier der Link dazu:
www.pinterest.at/rolandjmhamm/pinterest-richtig-nutzen

Traffic über Presseportale

Wenn du deine Webseite fertig hast und die ersten fünf Artikeln online sind, dann kannst du die Veröffentlichung deiner neuen Webseite auf Presseportalen bekannt machen. Es ist auch machbar, deinen Leadmagneten mit Hilfe einer Pressemitteilung vorzustellen.

Empfehlen kann ich dazu den Presseverteiler connektar. Dort wird deine Pressemitteilung an 200 weitere Presseportale versendet. Es ist auch möglich nach Branchen zu selektieren, die deine Mitteilungen erhalten sollen. Connektar kannst du 14 Tage lang kostenlos und unverbindlich testen und innerhalb dieser Zeit zwei Pressemitteilungen damit versenden.

Melde dich daher erst an, wenn deine Webseite fertig ist.

Mehr Infos findest du hier:
www.connektar.de

Möchtest du danach weitere Pressemitteilungen versenden, buchst du einfach ein kostenpflichtiges Paket.

Es gibt natürlich noch weitere Möglichkeiten kostenlosen Traffic zu generieren, aber wenn du meine Vorschläge anwendest, dann generierst du mit der Zeit mehr als genug Traffic.

Welche Trafficmethoden ich nicht anwenden würde

Viralmailer verwende ich nicht, weil das für mich reine Spamschleudern sind. Mag sein, dass es Leute gibt, die damit Erfolg hatten. Bei mir hat das nicht so gut funktioniert. Der Aufwand stand einfach nicht dafür.
Weiter würde ich nicht in Facebook-Gruppen posten. In seriösen Gruppen ist das sowieso nicht erlaubt. Du wirst dort gleich mal als Spammer abgestempelt. Auch Facebook mag das nicht und senkt so deine organische Reichweite. Das kann sogar zur Sperre deines Facebook-Accounts führen. In Werbegruppen posten bringt auch nicht viel, weil Leute, die dort unterwegs sind, oft nur ihre eigene Werbung anbringen möchten.

Kommen wir daher zu den kostenpflichtigen Traffic-Quellen.

Kostenpflichtige Traffic-Quellen

Der kostenpflichtige Traffic hat einen klaren Vorteil. Damit generierst du auf Kopfdruck Webseiten-Besucher. Er ist auch kontrollierbar und vor allem bekommst du so auch zielgerichteten Traffic. Also Besucher, die sich für deine Nische interessieren.
Beim kostenpflichtigen Traffic ist meist PPC gemeint. Also Pay per Click und darunter fallen Facebook Ads und Google Ads (ehemals Google Adwords). Hier kannst du wählen ob du für die Einblendungen (TKP = Tausend-Kontakt-Preis) Geld bezahlst oder über die Klicks (CPC = Cost per Click). Das bedeutet, du zahlst nur für 1000 Sichtkontakte (Werbeeinblendungen) oder für jeden Klick.
Wenn du kostenpflichtige Werbung schaltest, dann sollte dein Verkaufsfunnel schon etwas optimiert sein um das Maximum rauszuholen. Außerdem musst du auch wissen, was du tust, denn sonst hast du schnell einmal Geld verbrannt. Das soll dich aber nicht abschrecken, sondern warnen, dass hier einfach mal drauflos probieren sehr teuer werden kann. Idealer-

weise steckst du einen Euro in die Werbung rein und bekommst zwei Euro oder mehr wieder raus.

Wo kannst du PPC Werbung schalten?

- Facebook Ads
- Instagram Ads
- Google Ads
- Xing Ads
- Linkedin Ads
- Twitter Ads
- YouTube Ads

Kaufschwacher Traffic vs. kaufstarker Traffic

Kostenpflichtige Werbung lässt sich noch in kaufschwachen
und kaufstarken Traffic unterteilen. Kaufstarken Traffic bekommst du von Google Ads (= Search Traffic), weil bei Google
über einen Suchbegriff bewusst nach einer Lösung für ein
bestimmtes Problem gesucht wird. Während Facebook Ads (=
Impuls Traffic) eher kaufschwachen Traffic liefert. Der Facebook-User bekommt Werbung zu sehen, nach welcher er nicht
gesucht hat. Der Facebook-User wischt seine Timeline nach
unten und bekommt Werbung angezeigt. Diese muss dann so
gut sein, dass der User stoppt, die Werbung anschaut und
dann der Handlungsaufforderung folgt.
Für Plattformen wie Facebook oder Google musst du außerdem eine eigene Landing-Page erstellen. Bei Facebook und
Google darfst du nichts versprechen und bei Google brauchst
du zudem noch oben ein Menü und darfst nicht direkt einen
Leadmagneten bewerben.
Da dieses Thema am Anfang sehr komplex ist, empfehle ich
dir hier, einen Onlinekurs zu kaufen. Generell würde ich
kostenlosen und kostenpflichtigen Traffic kombinieren. Gerade am Anfang, wenn du noch wenig Traffic auf deiner Webseite hast, kann PPC Werbung dir sehr viel Traffic bringen. Dafür
musst du aber wissen, was du tust. Wenn du Google Ads

verwenden möchtest, dann empfehle ich dir das kostenlose Training zum Thema „Keyword Analyse machen". Dort lernst du auch etwas über Google Ads und vor allem wie du sehr niedrige Klickpreise erhältst und dir so gegenüber deinen Mitbewerbern einen Wettbewerbsvorteil verschaffst.

Wenn du Facebook Werbung schalten möchtest, dann empfehle ich dir einen „Facebook Ads" Kurs zu kaufen. Wenn du nämlich nicht weißt, was du tust, verbrennst du sehr schnell dein Werbebudget. Des Weiteren kann dein Account gesperrt werden, wenn du dich nicht an die Regeln von Facebook hältst. Hier ist „Learning by Doing" nicht empfehlenswert!

Welchen Nachteil hat kostenpflichtiger Traffic im Vergleich zum kostenlosen Traffic?

Schaltest du keinen kostenpflichtigen Traffic mehr oder wird dein Werbekonto gesperrt, dann ist auch der Traffic weg. Genau so ist es nämlich vor Jahren vielen Internet-Marketern ergangen, weil Google seine Richtlinien geändert hatte und eine Landing-Page mit Leadmagnet nicht mehr beworben werden durfte. Jeder, der nur auf diesen einen Traffic-Strom gesetzt hatte, hatte auf einmal ein Problem. Die Einnahmen waren über Nacht weg.

Daher empfehle ich dir, kostenlose und kostenpflichtige Traffic-Quellen zu kombinieren.

Welche alternativen Traffic-Quellen es zu Facebook Ads und Google Ads noch gibt und welche Kurse ich empfehlen kann, erfährst du im Bonusbereich des Online-Portals.

Action Schritt: Wähle jetzt deine Traffic-Quellen aus

Lege dir ein Profil bei folgenden Social-Media-Kanälen an und fülle das jeweilige Profil inklusive Bild vollständig aus.

- Twitter

- Facebook
- Instagram
- Linkedin
- Xing

Erstelle einen YouTube und einen Pinterest Account und fülle auch dort das komplette Profil aus.

Schaue dir das kostenlose YouTube Training an:
www.roland-hamm.com/youtube-training

Dort lernst du, wie YouTube-Marketing funktioniert und wie deine Videos in wenigen Minuten auf den TOP-Plätzen von YouTube landen. Mit diesen Tricks erhöhst du nicht nur deine Reichweite, sondern generierst auch mehr Webseitenbesucher und Klicks für deine Affiliate Links.
Erstelle eine Traffic Strategie. Welche drei kostenlosen Traffic-Quellen und welche kostenpflichtige Traffic-Quelle wirst du verwenden?
Bilde dich im Bereich Traffic-Quellen weiter und sorge dafür, dass du täglich neue Besucher auf deine Webseite bekommst. Je mehr zielgerichteten Traffic du generierst, desto mehr verdienst du.

Schritt 12 - Kontrolle und Optimierung

Gratuliere! Wenn du es bis hierher geschafft und alles umgesetzt hast, dann solltest du schon deine ersten Einnahmen generiert haben. Jetzt läuft deine Geldmaschine Marke Eigenbau. Deine Aufgabe besteht jetzt darin, die Maschine am Laufen zu halten und so zu optimieren, dass jeden Monat mehr Geld aus der Maschine rauskommt.

Daher musst du täglich deine Zahlen kontrollieren. Also wieviel Traffic hattest du am Vortag, wieviele Leads hast du generiert und wieviele Sales hast du gemacht? Was könntest du optimieren?

Mache einen Service bei deiner Geldmaschine, indem du regelmäßig schaust, ob ein Update deiner WordPress-Webseite notwendig ist. Erstelle unbedingt regelmäßig ein Backup deiner Webseite, denn das ist die „Lebensversicherung" für dein Business.

Erhöhe deinen Traffic, indem du neuen Content rausbringst. Mache vor allem auch laufend Split-Tests und optimiere deine Conversion. Am besten planst du diese Schritte am Anfang jeder Woche und setzt sie dann bis zum Ende der Woche um.

Sobald du den zwölften Schritt geschafft hast und deine Geldmaschine läuft, kannst du den gleichen Plan in einer anderen Nische umsetzen oder darüber nachdenken, ein eigenes digitales Produkt zu erstellen.

Action Schritt: Kontrolliere und optimiere dein Business

Prüfe einmal täglich deine Zahlen, am besten gleich am Morgen oder bevor du mit deinem Business startest.

Wie hoch ist der Traffic, wieviele Leads hast du gemacht und wieviele Einnahmen hast du generiert?

- Was kannst du optimieren?

- Wie kannst du mehr Traffic generieren?
- Welches Produkt kannst du bewerben?
- Wie kannst du deinen Fans und Followern Mehrwert bieten?

Notizen und Ideen

_____

_____

_____

_____

_____

_____

_____

_____

_____

_____

_____

_____

_____

_____

Meine 3 größten Erfolgsverhinderer

Zum Abschluss meines Buches möchte ich dir noch meine drei größten Erfolgsverhinderer auf dem Weg zu einem erfolgreichen Onlinebusiness verraten.

1. Erfolgsverhinderer - Keine Tagesziele
2. Erfolgsverhinderer - Kein Fokus
3. Erfolgsverhinderer - Fehlende Planung

Planung ist das halbe Leben, so lautet ein bekannter Spruch. Ich habe diesen gefühlt eine Million Mal gehört. Aber irgendwie immer wieder auf Durchzug gestellt, bei einem Ohr rein und beim anderen Ohr raus.

Ich dachte, sowas brauche ich nicht, habe eh alles im Kopf. Klar, ich bin ein Chaot und ein Rebell zugleich. Planung ist nur was für Anfänger, dachte ich. So bin ich zwar den ganzen Tag vor dem MacBook gesessen und habe auch viel gearbeitet und gemacht, aber durch den fehlenden Fokus am Ende des Tages nicht viel erreicht. Vor allem nichts, was mich meinen Zielen näher brachte ...

... bis zu dem Tag, als ich zufällig das Hörbuch „Miracle Morning™" bei Audible gekauft habe. Auch wenn sich das jetzt „kitschig" anhört, aber es hat mein Leben verändert.

Einer meiner Gründe, warum ich Internetunternehmer werden wollte, war, dass ich so lange schlafen kann, wie ich will. Ich bin ein Morgenmuffel und das schon sein meiner Kindheit. Den Wecker habe ich am ersten Tag meiner hauptberuflichen Selbstständigkeit mit dem Hammer zerschlagen.

Und jetzt soll ich um 0600 aufstehen, nur weil es in einem Hörbuch empfohlen wird?

Hal Elrod, der Autor des Buches, hat doch einen „Vogel", dachte ich, als ich das zum ersten Mal gehört habe. Aber dann wurde mir im Laufe des Hörbuches klar, wie wichtig diese morgendliche Stunde oder besser gesagt dieses Ritual ist.

Um was geht es dabei?

Kurz gesagt um eine Stunde, welche du nur für dich nutzt und folgende Dinge machst:

1. Stille (Meditieren)
2. Affirmationen
3. Visualisierung
4. Bewegung (Sport)
5. Lesen (=Weiterbildung)
6. Schreiben (= Ziele, Dankbarkeit und Planung)

Auf einen Schlag habe ich alle meine größten Erfolgsverhinderer eliminiert. Und obwohl ich immer der grantige Morgenmuffel war, stehe ich jetzt täglich (auch sonntags) um 6 Uhr morgens gut gelaunt auf und habe teilweise bis Mittag schon die wichtigsten Tagesaufgaben erledigt.

Ich kann dir daher dieses Ritual und vor allem das Buch nur wärmstens empfehlen. Gerade wenn du nebenberuflich ein Onlinebusiness aufbauen möchtest, musst du so effektiv wie möglich arbeiten und hochmotiviert sein. Miracle Morning™ hilft dir dabei. Mehr Informationen dazu findest du im Online-Portal unter Bücher Tipps.

Zum Fokus kann ich abschließend nur eines sagen: **Ziehe dein Onlinebusiness-Ding durch, komme was das wolle.** Egal wie viele tolle Geschäftsideen und Möglichkeiten dir angeboten werden. Setzte meine zwölf Schritte um und baue dir deine eigene Geldmaschine Marke Eigenbau. Erst danach schaffe dir eine weitere Einkommensquelle.

Zusammenfassung - Was nun?

Ich bin stolz auf dich! Du hast mein Buch zu Ende gelesen. Das war der angenehme Teil, jetzt kommt der nicht so angenehme Teil. Die Stunde der Wahrheit ...

Bist du jetzt ein Wissensriese und Umsetzungszwerg oder ein Macher?

Jetzt geht´s nämlich ans Umsetzen, und zwar genau nach der 0-Stunden-Regel. Sicher hast du schon von der 72-Stunden-Regel gehört. Wenn du nicht innerhalb von 72 Stunden, den ersten Schritt zur Umsetzung machst, wirst du wahrscheinlich niemals mehr anfangen.
Bei mir hat auch die 72-Stunden-Regel kaum etwas bewirkt, weil dieser Zeitrahmen noch immer viel zu lange ist. Aus den Augen aus dem Sinn, lautet ein bekannter Spruch. Deshalb bin ich froh, dass ich vor ein paar Jahren die 0-Stunden-Regel von Ernst Crameri kennen gelernt haben.

Also, jetzt ist die beste Zeit!

Nicht in einer Stunde, nicht Morgen und auch nicht in 48 Stunden. Jetzt sofort musst du den ersten Schritt in die richtige Richtung setzen und starten.

Mache deinen ersten Action-Schritt und plane deine Ziele!

Solltest du gerade keine Zeit haben, dann trage zumindest jetzt sofort in deinen Kalender einen Termin zur Zielplanung ein. Noch besser wäre es sofort auch gleich für die nächsten Tage einen fixen Zeitrahmen für die zwölf Schritte einzuplanen.
Danach wählst du deine Nische, erstellst den Kundenavatar und deine Webseite. Gehe meinen 12-Schritte-Plan einfach Schritt-für-Schritt durch. Verliere nie den Fokus aus den Au-

gen und gib auf keinen Fall auf halber Strecke auf. Wer aufgibt, der hat schon verloren. Wenn du was aufgeben möchtest, dann einen Brief am Postamt.

Tipp: Wenn du dich bisher noch nicht für das kostenlose Online-Portal registriert hast, dann mache das jetzt. Neben zahlreichen Videos, Checklisten und Mindmaps kannst du beim 12 Wochen Umsetzungsvideokurs mitmachen.

www.roland-hamm.com/bonus

Ich möchte mein Buch mit dem Zitat vom deutschen Erfinder Paul Gauselmann abschließen: **„Man muss in einer Branche nicht der erste sein, aber origineller als die anderen."**

Sei darum anders, kreativer, origineller und besser. Sei ein „online Geld verdienen"-Rebell!

Ich wünsche dir maximalen Erfolg und viele Provisionen auf deinem Bankkonto.

Beste Grüße aus Neusiedl am See,
Roland J. M. Hamm.

P.S. Du möchtest ein eigenes digitales Produkt erstellen und dafür meine persönliche Unterstützung? Dann melde dich noch heute für ein kostenloses Strategiegespräch an:

www.roland-hamm.com/strategiegespraech

P.P.S. Hast du noch Fragen, Anregungen oder Verbesserungs-vorschläge für mein Buch? Dann lass es mich gerne wissen. Schicke mir dazu einfach über meine Kontaktseite eine Nach-richt (www.roland-hamm.com/kontakt). Ich werde die Fragen dann per Email oder auf Youtube mit einem Video beantwor-ten. Gerne nehme ich Verbesserungsvorschläge in die dritte Auflage auf. Hast du einen Fehler im Buch gefunden, dann darfst du ihn gerne behalten.

Notizen und Ideen

_____

_____

_____

_____

_____

_____

_____

_____

_____

_____

_____

_____

_____

_____

_____

Link-Liste

Meine Webseiten:

Hier findest du meine Kontaktdaten, meine Webseiten und meine Social-Media-Kanäle:
www.roland-hamm.com/meine-kontaktdaten

Bonusmaterial:

www.roland-hamm.com/bonus

Meine Produkte:

Hier findest du Produkte und Lösungen, mit denen ich dir helfen möchte:
www.roland-hamm.com/produkte

Dein Feedback ist mir wichtig

Mir ist dein Feedback wichtig, sodass ich meine Strategie und mein Buch ständig weiterentwickeln kann.

Möchtest du etwas loswerden? Dann schreibe mir bitte eine Email. Gerne auch mit konstruktiver Kritik, denn nur so kann ich mich immer weiter verbessern.

Dir hat mein Buch einen Mehrwert gebracht und die Sicht auf das Thema online Geld verdienen und passives Einkommen verbessert? Du konntest mit meinen Tipps erste Erfolge feiern? Dann freue ich mich auf deine positive Bewertung.

Schreibe dazu einfach an folgende E-Mail Adresse: kindle@roland-hamm.com

Ich freue mich schon auf deine Nachricht!

Möchtest du mehr über mich erfahren?

Dann besuche meine Webseite: www.roland-hamm.com/ueber-mich

Über den Autor

Roland J. M. Hamm, geboren 1975 in Österreich, ist glücklich verheiratet und Vater von zwei Jungen. Er lebt im Burgenland am wunderschönen Neusiedler See, wo er auch seinen sportlichen Aktivitäten nachgehen kann.

Nach Abschluss der Fachschule für Elektrotechnik 1993 schloss er 1997 erfolgreich die 2-jährige Werkmeisterschule für Elektrotechnik samt Unternehmerprüfung ab.

2008 startete er mit seinem ersten Blog zum Thema „Geld sparen im Haushalt". Ende 2015 hängte er dann seinen Hamsterrad-Job an den Nagel und wechselte hauptberuflich in das spannende Abenteuer Online-Marketing.

Seit 2017 hat Roland auch eine eigene Podcast-Show mit dem Namen „Der Geldsack - Finanzielle Bildung für die Ohren und alles rund um den Sack voll Geld".

Danksagung

Bedanken möchte ich mich zuallererst bei meinen Eltern Anna und Michael, ohne die ich nicht auf dieser wunderbaren Welt wäre. Ich hatte eine tolle und spannende Kindheit, bei der ich schon sehr viel über Weinbau und zusätzlichen Einkommensquellen lernen durfte. Vor allem bedanke ich mich für die Ausbildung, die ihr mir ermöglicht habt.

Bedanken möchte ich mich auch bei allen Menschen die ich in den letzten fünf spannenden Jahren kennenlernen durfte und die mich vor allem auf dem Weg zu diesem Buch direkt oder indirekt unterstützt haben. Ohne euch wäre dieses Buch nicht entstanden.

Mein Dank geht daher an Ernst Crameri, Gunnar Kessler, Ralf Schmitz, Jürgen Höller, Christine Hofmann, Oliver Pfeil, Florian Schoel, Gerd Breil, Benjamin Oestreich, Michael Kotzur, Dr. Meinhard Mang, Christoph Mogwitz, Wolfgang Mayr, Marko Slusarek, Marcel Pohl, Pascal Schildknecht und Jens Neubeck.

Zu guter Letzt möchte ich mich natürlich auch bei dir, lieber Leser, bedanken, weil du dieses Buch gekauft hast. Ich hoffe, du konntest viel daraus lernen und setzt vor allem das Gelesene auch um.

Wörterverzeichnis

Autoresponder - Ein Autoresponder verschickt automatisch und zeitgesteuert Emails an Newsletter-Abonnenten.

Backup - Datensicherung deiner Webseite

Call to Action, kurz **CTA** - Handlungsaufforderung, z.B. „Jetzt bestellen", „hier weiterlesen"

Coreoffer - das Hauptprodukt in einem Verkaufsfunnel

CPC - Cost per Click - Die Kosten, die pro Klick auf eine Werbeanzeige anfallen.

CPM - Cost per Mile - Die Kosten, die pro 1000 Einblendungen einer Werbeanzeige anfallen.

CR - Conversion- Rate (oder nur Conversion) - Verhältnis zwischen Konvertierungen zu Webseitenbesuchern in Prozent. 1 Prozent Conversion bedeutet, dass von 100 Webseitenbesuchern eine Person sich beispielsweise den Leadmagneten angefordert hat.

Domain - Internetadresse z.B. www.roland-hamm.com

Double-Opt-in - Eine Methode für die Eintragung in einen Newsletter. Der Interessent bekommt nach der Eintragung eine Bestätigungs-Email in der er mit einem Klick den Empfang des Newsletters bestätigen muss.

Downsell - ein Zusätzliches Angebot nach dem der Kauf deines Upsell Produktes abgelehnt wurde.

DSGVO - Datenschutz-Grundverordnung - Diese regelt die Verarbeitung von personenbezogenen Daten in der EU.

Facebook Pixel - HTML-Code von Facebook, um Webseiten-besucher zu markieren

Freebie - kostenloses Angebot, um die Kontaktdaten eines Interessenten zu bekommen (auch Leadmagnet genannt)

Funnel - Verkaufstrichter, in dem Interessenten Produkte auf bestimmte Art und Weise zum Kauf angeboten werden

Google Analytics - Kostenloses Analyse-Tool zum Tracking deiner Webseitenbesucher.

Google Pixel - HTML-Code von Google, um Webseitenbesu-cher zu markieren

Google Search Console - Kostenloses Analyse-Tool von Google zur Suchmaschinenoptimierung.

Hamsterrad-Job - auch 9-5-Job genannt, ist eine fixe Anstel-lung bei der man 38,5 bis 40 Stunden die Woche für jemand anderen arbeitet.

Interaktion - Handlung, die auf eine Werbeanzeige oder einen Social-Media-Post folgt. Das kann beispielsweise ein Klick, Teilen, Gefällt mir oder ein Link-Klick sein.

Job - „Just over broke" oder besser gesagt, etwas mehr als pleite

Keyword - ein Suchbegriff oder Schlüsselwort, welches ein Benutzer in eine Suchmaschine eingibt, um relevante Infos zu finden.

Klickrate - Verhältnis in Prozent, das besagt wieviele Newslet-ter-Abonnenten in der Email auf einen Link geklickt haben.

Landing-Page - Email-Einsammelseite, sie dient nur dazu, die Kontaktdaten des Webseitenbesuchers zu erhalten.

Lead - Eine gewonnene Kontaktadresse, z.B. die Email-Adresse

Leadmagnet - Kontakt Magnet - kostenloses Angebot, um die Kontaktdaten eines Interessenten zu bekommen (auch Freebie genannt)

Newsletter - Ist eine regelmäßig erscheinende Email an deine Newsletter-Abonnenten.

Newsletter-Liste - Alle Abonnenten in einer bestimmten Liste in deinem Newsletter.

Öffnungsrate - Verhältnis in Prozent, das besagt wieviele Newsletter-Abonnenten deine Email geöffnet haben.

PPC - Pay per Click - Bezahlung pro Klick

Rebell - Freiheitskämpfer

ReFi - Refinanzierungsangebot, das Gleiche wie ein Tripewire - Mit den Einnahmen wird ein Teil der Werbekosten refinanziert.

Sale - erfolgreicher Verkauf

Sales-Conversion - Verhältnis zwischen Verkäufen zu Webseitenbesuchern in Prozent. Ein Prozent Sales Conversion bedeutet, dass von 100 Webseitenbesuchern ein Besucher gekauft hat.

Sales-Page - Die Verkaufsseite, sie dient nur dazu ein einziges Produkt oder eine einzige Dienstleistung zu verkaufen.

SEO - Search Engine Optimisation = Suchmaschinenoptimierung

Splittest - Wird auch A/B-Test genannt. Eine Methode, um Webseiten, Emails und Werbeanzeigen gegeneinander zu testen, um laufend bessere Ergebnisse zu erhalten.

Tag - Ist ein Schlagwort oder Etikett, welches ein Autoresponder an einen Newsletter-Abonnenten vergibt.

Testimonial - Feedback von einem zufriedenen Kunden (Kundenreferenz)

Tracking – Verfolgung der Handlungen deiner Webseiten Besucher

Traffic - Webseitenbesucher

Traffic, heißer – Webseitenbesucher, die bereits bei dir ein Produkt gekauft haben

Traffic, kalter - Webseitenbesucher, die dich oder deine Webseite noch nicht kennen

Traffic, warmer – Webseitenbesucher, die dich oder deine Webseite bereits kennen, beispielsweise Leads in deinem Newsletter oder Follower in deinen Social-Media-Kanälen.

Tripwire – Stolperdraht - ein günstiges Produktangebot, um aus dem Interessenten einen Kunden zu machen

Upsell - ein zusätzliches Angebot nach dem Kauf deines Hauptproduktes

Webhosting Anbieter - Dienstleister, der dir auf seinen Webservern Speicherplatz zur Verfügung stellt.

Webspace - Online-Speicherplatz für deine Webseite